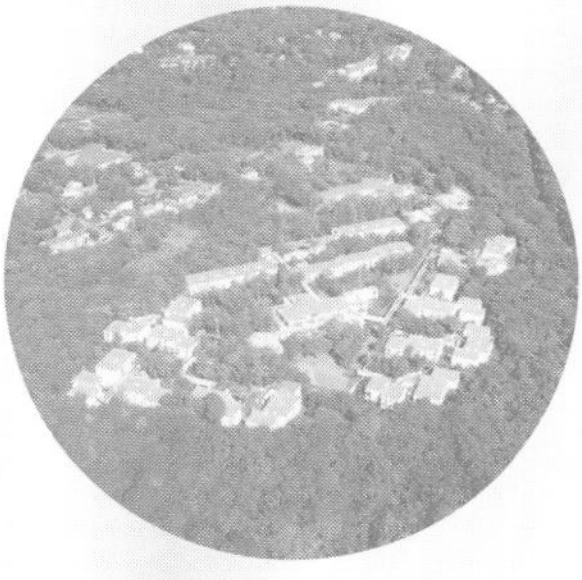

老人ホーム八年間の暮らし

菅野国春
Kanno Kuniharu

住めば都《みやこ》・終《つい》の住処《すみか》の住心地

展望社

あの日からもう八年も経ったのか――まえがきにかえて

まさに光陰矢のごとしである。いつの間にか老人ホームに入居して八年の歳月が流れた。令和二年六月現在、筆者は伊豆半島の中にある老人ホームで暮らしている。老人ホームに入居したのは八年前、平成二十四年（二〇一二）の七月である。入居のときは七十七歳で、五年も生き長らえれば上等と考えていたのに、もう八十代も半ばを迎えた。令和二年の五月で八十五歳である。有難いというべきか僥倖《ぎょうこう》というべきか、本人も信じられない思いである。今のところ何処といって体調の不振もなく、ひょっとすると九十歳まで生きるのではないかと思ったりもする。

あと二年元気なら、入居十年めの感慨をレポートしてみたい気もするが、昵懇《じっこん》の出版社社長や編集長が定年になったり年老いて、次々にリタイアしてしまうので、この望みは果たされないかもしれない。

入居時の八年前は、仕事の量は減らしていたが、まだ作家のはしくれとして現役で仕事を抱えていた。有名作家と違って三流作家の私は、駄文雑文を生業《なりわい》としていたので、仕事に事欠くことはなく、老人ホームの入居はまだまだ先のことと考えていた。

ところが妻の腰痛が悪化して、妻は家事をするのが苦痛だと言い出したのである。「炊事や日常の雑事から開放されたい。ついては老人ホームに入居したい」と私に訴えた。

私は仕事に未練があったし、いい年をして盛り場のネオン街やなじみのカラオケ酒場にも未練があった。家内の申し出に少なからず困惑した。飲み友達、仕事の仲間と別れるのも少し辛かった。長い間馴染んだ場所、また何十年と付き合ってきた親しい友人知人と別れて見知らぬ土地に移り住むのも抵抗があった。しかし私には、妻の希望を無下に退けることができない弱みがあった。

私は結婚当初から酒と放蕩で家庭を顧みない破滅的亭主で、妻には迷惑ばかりかけてきた。離婚を言い渡されてしかるべきなのに、忍耐強い妻だったために、何となく家庭を持ちこたえられた。そういうわけで、晩年ぐらいは妻の言い分を聞いてやらなければならないだろうと考えたのである。

他の拙著でも何度か書いてきたのだが、私は若いときから、酒、煙草、夜更かしなど、不摂生な生活を送っていたので、そんなに長生きをしないだろうと考えていた。ところが案に相違して、七十七歳まで生きてしまった。あと何年生きられるかわからないが、残りの余生を妻の希望に従って老人ホームに入居してみようと決心したのである。

決心してから、継続中の仕事は整理したり、区切りをつけたりして取引先に迷惑のかからないようにして老人ホーム入居の準備を整えた。

家財の整理、蔵書の整理など、引っ越し準備には筆舌につくしがたい苦労をした。この苦労話は、入居してから執筆・出版した体験記「老人ホームの暮らし３６５日」に詳しく紹介しているのでここでは割愛する。

何十年来の友人、知人とは別れの酒を酌み交わし、カラオケ仲間には送別の小宴を張ってもらった。近所隣にも別れの挨拶を済ませて終の住処に移住したのである。

あの時から、もう八年の月日が流れたわけである。過ぎ去ってみれば、早いもので今ではすっかり老人ホーム暮しが身に付いている。

「住めば都」ともいうし「人間至る所に青山（墓）あり」ともいう。そして人生で最後に暮らす場所は「終の住処《すみか》」と呼ぶ。如何に自分の意に沿った終の住処で終末を迎えるかということは、誰にとっても人生最後の思案である。

悔いの無い決断を下すことは安らかな晩年の選択に結びつく。本書がその一助になれば筆者の望外の喜びとするものである。

菅野 国春

令和二年六月吉日

老人ホーム八年間の暮らし

住めば都《みやこ》・終《つい》の住処《すみか》の住心地

目次

第一章　ひめしゃらの里　いくとしつき

第二章

八年間暮らしてわかったこと
―改めて問う「老人ホームとは何か」―

第三章

入居して良かったと思ったこと

第四章　老ざん随筆・老い老いの記

写真提供者
古山　啓
伊豆高原ゆうゆうの里（コミュニティ・事務管理課）
著者プロフィール写真撮影
萩原小夜子（ふるさと句会）
（敬称略）

第一章

ひめしゃらの里　いくとしつき

老人ホームを決めるまで

妻は、七十歳を過ぎたあたりから、私に相談もせずに、こつこつと老人ホームの資料を集めていたふしがある。妻は腰痛に関係なく、いずれ老いが深まったら、老人ホームに入ろうと漠然と考えていたらしい。子供は娘が一人いるが、妻は自分の晩年は子供に迷惑をかけたくないと考えていた。

それに、私はペンより重いものを持ったことがなく、生活的には無能力者に等しい男で、妻は、夫である私のことはほとんどアテにしていなかった。以前から妻は、自分の老後は自分で考えると決心していたのである。妻は三十代の前半まで高校教師をしていたが、その時のわずかな蓄えと、無名作家の不安定な原稿料収入をやりくりして、私の予想をはるかに超える入居資金を用意していたのである。

私はまったく愚か者で、七十歳あたりまで、自分の老後について深く考えたことはなかった。私が描く自分の老後のイメージは、四畳半に万年床で、布団の上に座って一升瓶を抱えている我が姿だった。不思議にもそのイメージの中に、妻や娘の姿が出てこないところをみると、晩年は離婚されて独り暮しを覚悟していたのかもしれない。

ま、そういうわけだから、妻としては頼りにならない亭主をあてにしても始まらないと考え、それとなく老人ホームの入居を検討し始めていたというわけだ。

妻は一時的に腰痛治療で入院したことがあるが、その後、日を置かずして、老人ホームについて私に切り出したのである。

入居を決めるまでの二年間くらい、私も妻にうながされて何カ所かの老人ホームを見学したり体験入居をしてみた。

物書き稼業に入る前の一時期、私は雑誌の記者をしていた。四十数年前、日本にぼつぼつでき始めた老人ホームの取材をしたことがある。それで、老人ホームについてはある程度の知識はあったのだが、実際に体験してみると、四十数年前の老人ホームに比較して格段に進化していた。ある意味で、私にとって現実の老人ホームは、見るもの聞くものが新しかった。私は初心者になったつもりで真剣に考えた。いろいろと検討して、その結果、現在入居している老人ホームの系列に連なる三カ所に絞りこんだ。

私の入居を決めた老人ホームの母体は一般財団法人老人福祉財団で、全国に七カ所の老人ホームを展開していた。ちなみに全国の七カ所は「浜松」「伊豆高原」「湯河原」「千葉（佐倉）」「京都」「大阪」「神戸」である。

私はその頃はまだ、前述のように、辛うじて仕事は現役で、ほとんどの取引先が東京都心にあったために、比較的都心に出るのに交通の便がいい第一候補として、佐倉か湯河原、そして第二候補として伊豆高原を選んだ。結果として伊豆高原を選んだわけだが、決めた理由は「自然環境」と「温泉」であった。伊豆高原は伊豆半島の国立公園の中にあって、法律で建物の高さ制限がある。

住居は広い敷地内に二階建てで、一棟から十棟まで分かれて点在している。白亜の建物であり、緑の樹木に囲まれている。住居の他に大食堂、ホールと談話室、サロン、集会室、会員室、売店、大浴場などの共用棟、そして診療所と、新たに増築された大ケアセンター（介護棟）などがある。どの建物も手の届くところに樹木が

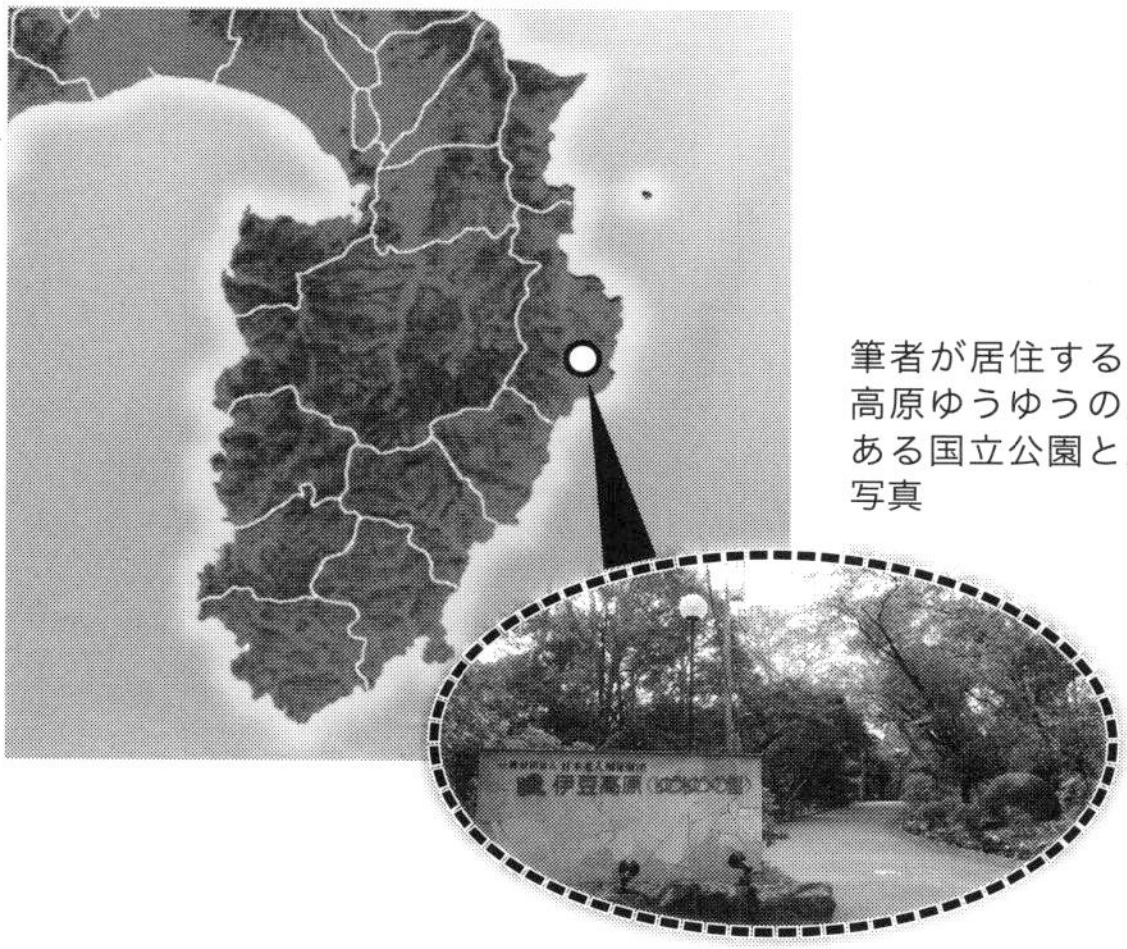

筆者が居住する「伊豆高原ゆうゆうの里」のある国立公園と正門の写真

生い茂っている。

佐倉は都心に近いということと、室内プールがあり、その魅力も捨てがたかった。また、湯河原にも温泉があるし、以前に出版社の依頼で、湯河原の菓子業者の自費出版の編集に関わって一年の間に何度も通った。帰途、湯河原の駅前や乗り換えの小田原で出版社の編集者と終電まで呑んだこともある。湯河原は懐かしい場所だ。いろいろ迷ったが、結局伊豆高原に決めた。自然豊かと温泉という前述の二つの理由が私の背中を押した。

年齢からいって、いつまでも仕事が続くわけではないし、八十歳頃には完全に仕事を辞めるようになるだろうと予測した。結果的には、ずるずると七年間も仕事が続いたわけだが、それも時間の問題で、遠からず仕事から身を引くときがくる。

仕事から解放されたとき、自然の息吹きを感じ、温泉を堪能するのには今の老人ホームは私にとって最適の場所である。この場所を選んだのは間違いではなかった。花あり、野鳥の声あり、リスの跳躍を目の当りにし、風の音に耳を傾け、温泉につかる日々はまことに快適である。

「老人ホームの暮らし365日」を刊行

老人ホーム入居の初仕事

引っ越しまでにいろいろな紆余曲折はあったものの、八年前の七月半ばに伊豆半島の老人ホームに入居した。当初の予定は五月の連休明けに引っ越すつもりだったのだが、それが七月にずれ込んでしまったのだ。理由は私の怪我と妻の足の肉離れである。

無様な話だが、三月のある夕刻、私は京王線新宿駅でホームに通ずるコンクリートの階段を踏み外して転げ落ちてしまったのである。同時期妻はヨガの無理なポーズで肉離れを発症してしまった。二人とも引っ越し準備どころではなかった。それで五月予定の引っ越しが七月半ばに延びてしまったのである。この間の経緯《いきさつ》も拙著「老人ホームの暮らし３６５日」に詳しく述べている。

階段転落の話を人様にすると、みんな口を揃えて「相当に酔っていましたね」とすかさず訊いてくる。しかしそのときは酒が一滴も入っていなかった。そう訊かれるのは、常日ごろ、大酒飲みである私の不徳のいたすところで、だれも恨む筋合いはない。

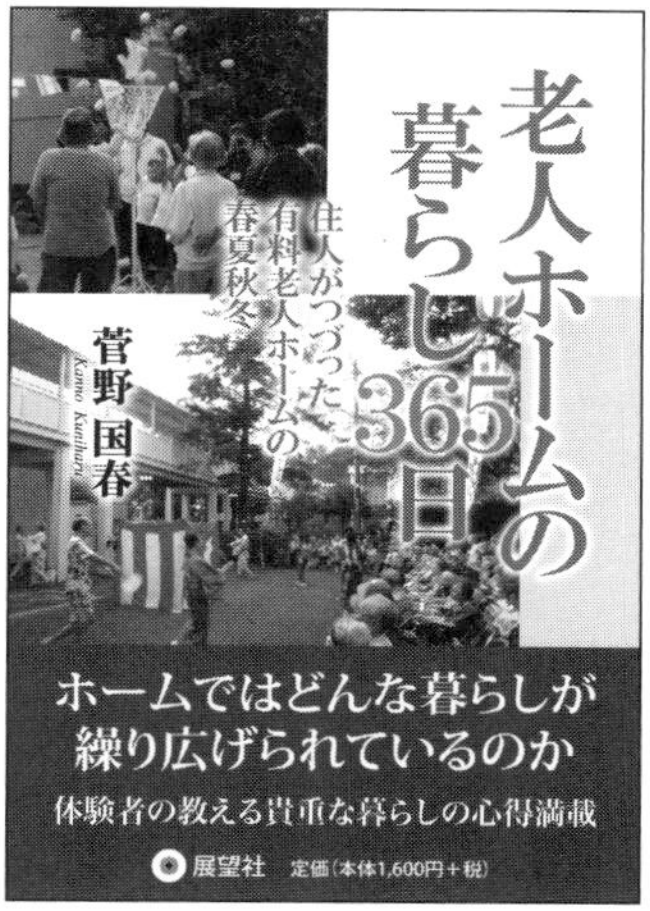

著者執筆の「老人ホームの暮らし 365 日」

転げ落ちた後、ホームにいた通勤客が心配して駆け寄ってきたが、私はやおら立ち上がった。したたかに足を打ったが、そのときはどうにか家まで電車で帰ってきた。

しかし翌日、目が覚めると足が腫れ上がっていた。早速、病院に駆けつけて治療を受けた。骨には異常がないので日が経てば治るだろうと医師は言った。しかし、引っ越しどころではない。肉離れの妻と枕を並べての討ち死にである。

引っ越しが延びたのは自業自得であるが、仮に怪我をしなくても、二、三カ月の準備で引っ越しができると考えていたのは恥じ入るばかりである。老人ホームの引っ越しは、生涯最後の引っ越しである。人生数十年の、ほとんどのしがらみを切り捨てる覚悟でのぞまなければならない。引っ越しには、想像以上の断捨離が必要で、まさに人生最後の大仕事である。そんな大事業を二、三カ月で出来ると考えていたのは愚かを通り越して無謀である。少なくとも、引っ越し準備は二年間ぐらいかけてじっくり行いたいものである。

私は引っ越しを甘く考えていたために、物を捨てるための費用に百万円以上の出費を余儀なくされた。家具調度や書籍を処分するための料金である。引っ越しの運送費用は三十万円程度だが、その四倍以上の出費を物を処分するために使った。

引っ越し準備にゆとりを持って、長い時間をかけて行えば、家具や調度品を知人に喜んで引き取ってもらうこともできたかもしれない。また、費用をかけずにゴミの処理として自治体に引き取ってもらうこともできたのである。膨大な書籍も古本屋に少しずつ持ち込めば高価に引き取ってもらえたものもあったのに、慌てて叩き売ったのだから二束三文になってしまった。無念と思うが、こちらの見通しの甘さが招いたことだから、だれにも文句をつけるわけにはいかないのだ。

伊豆半島は避暑地ではあるが、夏は引っ越しには適していない。やはり、引っ越しの時期としては夏冬は避けたほうがいい。

引っ越した直後は継続中の仕事があり、月のうちに数回は上京した。今振り返ってみても、七十七歳は割に元気である。令和二年二月現在、八十四歳であるが、今は上京の回数は大幅に減った。仕事も何度も打合せをしなければならない仕事はお断わりしている。しかし、まるっきり出かけないというわけにはいかない。八十二歳くらいになって、三カ月に一度ぐらい遠出をすると、帰ってからの疲労感がこたえる。やはり、気がつかないうちに心身の老化が進んでいることを実感する。

入居して老人ホームに暮らしてみて一年経ったころ、入居の体験を執筆してみたくなった。このことを出版社の社長に話すと、二つ返事で承諾してくれた。

本題の体験記だけでは本の構成上味わいが浅くなるので、老人ホームの入居の理由や、老人ホームについての私の考え方、老人ホームの選び方なども付け加えた。

以上が三章までで、四章以降に私の一年間の老人ホームでのありのままの体験と、体験した上での感じたことを細かく述べた。

拙著の出版は、老人ホームの里内では「菅野さんは老人ホームに入居してからも金儲けをしている」と評判はあまりよくなかったが、出版は成功した。一年足らずで再版も重ねた。読者からの反響も大きかった。当時、老人ホームのガイドブックはいろいろな物が出版されていたが、入居者自身が執筆した老人ホーム内の体験談は出版されていなかった。それで評判を呼んだのである。

老人ホームの入居を考えている人にとっては、入居者の生の声を聞くことが参考になるのは当然である。刊行後、カルチャースクールや老人会などからも講演の依頼を受けた。さらに読者の反響も伝わってきた。読者から、いろいろな質問もいただいた。その読者の声に応える形で執筆したのが、老人ホームシリーズの第二弾「老人ホームのそこが知りたい」である。第一弾は老人ホームの体験記であり、第二弾は細かく取材をして、老人ホームの実際や、読者の知りえないことについても紹介した。

物書きのサガとして、何かを執筆しようとするとき、金儲けをしようという意識はあまりない。もっとも、意にそわないものを書くときや他人の書籍の代筆をするときには金銭を得るための仕事と割り切って向かい合うこともあるが、それ以外の仕事では、ひと稼ぎしようと思ってペンをとるわけではない。

ただ、本が売れるのは物書きとして嬉しいものだ。自分の思いや考えを多くの人に伝えることができたことの喜びである。本が売れれば、その結果印税が入ってくる。しかし、印税を受け取ったとき金儲けと思ったことは一度もない。昔、小説で上巻、下巻で数万ずつ売れたものがある。このときは、重版のたびに印税の支払いがあり、不労所得をいただいているような感じを持ったこともあるが、金が儲かったという感じはしなかった。

著者の第二弾「老人ホームのそこが知りたい」

私の老人ホームシリーズを読んで、実際に老人ホーム探しに役立てた人は多数いる。そんな中で私の心に残ったエピソードがある。北海道から伊豆半島の私の入居している老人ホームにに入居した人のことである。北海道の一小都市の図書館に私の著書が陳列されており、その本を読んで伊豆半島を訪れ、入居を決心したのである。

岩手県は私の出身県で、そのよしみで県立図書館に拙著が何冊か置かれている。しかし、北海道の小都市の図書館に関東、東海近辺に限って綴られている無名作家の老人ホームの体験記が置かれていたということに大いに感激した。この方の話を聞いたとき、作家冥利につきると思った。この本を書いて良かったと思った。

見守られる安心感——病気の不安の解消

八年間、老人ホームに暮らしてみて、何が良かったかといえば、人に見守られているという安心感を持って生活ができるということだ。人間、他人に見守られて生きるという体験は、そうざらにできることではない。

入居二年目に私は、脳卒中（脳出血）を発症した。ある日の食堂でのこと、昼食のとき急に脱力感に襲われた。箸を持つ手に妙に力が入らないのである。体が前後にぐらぐらと揺れた。不吉な予感がしたが、昨夜遅くまで原稿を書いていたために疲れが出たのかな？という思いもあった。部屋に戻って酒でも呑んで昼寝でもすれば、この違和感は治るのではないかと考えた。そう感じたのは、あるいは不吉な予感を拭い去るために自分に言い聞かせたのかもしれない。たしかに《脳梗塞かな？》という思いも脳裏をよぎった。が、脳卒中になった知人や先輩はみんなその場で意識を失って病院に運ばれている。その例に比べると私の場合ちょっと違っている。その時の私にはしっかりとした意識があった。

私は昼食のとき、持っていた箸をぽとりと落とした。その私の様子に気がついた職員がいた。その職員が駆け寄ってきた。

「おかしいですね？　すぐに診療所に行きましょう」

私は車椅子に乗せられて診療所に運ばれた。診療所の医師は私に幾つかの問診をして、すぐに決断をした。

「脳卒中の疑いがあるからすぐに市民病院だ」

私は施設の車ですぐに市民病院に運ばれた。

市民病院でＣＴ写真を撮影して、脳幹出血であることが判明した。すぐに入院である。「幸運ですね。出血箇所があと３センチ下部でしたら呼吸中枢で重症でしたね」

その医師は若い人だったが、てきぱきと処置をしてくれ、半月の入院で無事に退院できた。退院時は右腕にマヒが少し残っていたが、一カ月ほどでそのマヒは消えた。後遺症はまったく残らなかった。

あのとき、部屋に戻って酒を飲んで寝ようものなら、今頃は半身不随になって原稿の執筆どころではなかったかもしれない。場合によったら、あの世に直行していたかもしれない。あの時のことを思い出すたびに冷汗が流れる。そしてしみじみと、

「ああ、老人ホームに入居していてよかった」と思う。

もし、あちら社会で暮らしていたら、まさか町内会の人が私の異変に気がついて病院に搬送してくれたりしないだろう。一緒に暮らしている妻は異変に気づくだろうが、素人の妻がてきぱきと入院の手続きを進めてくれるとは思えない。

老人ホームでは入退院の世話一切を取りしきってくれる。

八十四歳にして、白内障の日帰り手術も受けた。白内障は簡単な手術で多くが日帰りでできるが、このときも老人ホームの職員が随行してくれた。術前術後、合わせて三日間ほどの通院でも職員が付き添ってくれた。何よりも、年寄りの世話に慣れている職員の付き添いは力強い。

あちらの社会では、子供と同居でもしていれば、ある程度の世話は受けられるだろうが、子供は介護のプロではない。それに子供にも会社など、自分の仕事や生活のパターンがある。たとえ親でも手を差し伸べられないことや面倒を見られないことだってある。親の突然の変調によって自分の生活のパターンが狂ってしまうことは苦痛のはずだ。子供にとってそれは大きなダメージである。

老人ホームには老人の身になって見守ってくれる人がいる。本当にありがたい。老人は日々、病気と背中合わせの暮らしをしているのだ。そんな老人にとって自分の身を気づかって、見守る人がいるということは安心で心強いのである。

あるとき、室内の掃除中に、誤って緊急コールのボタンに触れてしまったことがある。間髪を入れずに住まいのドアが開いて職員が飛び込んできた。

「何かありましたか？　緊急コールのブザーがなったのですが」

真剣な面持ちで、職員は私を見つめた。

誤って緊急ボタンを押してしまったらしい。失敗を職員におわびをした。私の言葉を聞いて、職員はふうっと深い吐息をついた。

「ああ、よかった」

と、職員は緊張した面持ちを和らげて呟いた。

このとき私は、この老人ホームの中で見守られていることを心の底から実感した。ホームに入らず、あちらに居れば、転ぼうが熱が出ようが、隣人たちは気がついてくれることはないだろう。あちらで暮らしている限り、老いの生活は自己責任である。元気なうちは、転倒しようが熱が出ようが何とか乗り切れる。しかし、老いは確実に進行するのである。日々、体力は低下していく。

独り暮らしの人の中には、プロの見守りを求めて老人ホームに入居する例が多い。私の親しくしている老人ホームの隣人の中にも何人かいる。

Sさんは私より年齢が多いが、若いときにはフェンシングの名手で足腰は相当に強靭である。奥様が亡くなられても、当分は一人暮らしに不自由はないと思っていた。ところがある日、デパートで買い物中に倒れた。気がつくと病院の集中治療室に担ぎ込まれていた。その事件でSさんは一人暮らしに不安を感じるようになった。いずれは人間はだれかに見守られて終末を迎えると考えて、今まで一度も脳裏をよぎらなかった老人ホームの入居を考えるようになったのである。

私より少し若いOさんも、六十歳を過ぎて独り暮しを続けていた。気ままに生きる独り暮らしに満足していたが、ある日、突然高熱を発して立ち上がれなくなってしまった。トイレには這っていき、あとは水で口を湿らせるだけで、一週間、食事も取らず薄れゆく意識に身を任せていた。電話のベルは鳴っても電話口に出る体力もなく、死を覚悟したという。急に連絡の取れなくなった弟の身を案じた兄が倒れて八日目に訪ねてきて、Ｏさんは一命をとりとめた。

担ぎ込まれた病院から十日目に退院したが、Ｏさんは一人で生きていくことに不安を感じるようになった。家族の強いすすめで老人ホームに入る決心をしたという。私と同時期の入居で、Ｏさんも今年で八年目を迎えたはずである。

見守りのプロによって見守ってもらうということは、病気を発症しやすくなる高齢者にとって大きな安心である。私は八年間、大病も患ったが、つつがなく八十五歳を迎えられたのは老人ホームのおかげである。

ホームの仲間たち——

風呂友・句友・雀友・カラオケ・アスレチックジム

●風呂友

老人ホームは一つの集落のようなものだが、あちら社会の町内会というような結びつきとは少し違う気がする。

あちら社会は生産社会で、その延長に人間関係が築かれていることが多い。その点老人ホームは、あちら社会と違って、生産社会に決別して、年寄りだけが身を寄せて暮らすコミュニティである。社会的地位も身分にも関係なく、老人というカッコでくくられた人々たちの集団である。

そうはいっても人間の暮らす村であるから、曰く言い難い関係や接触もあるが、その点については別の項目で後述することにする。

少なくとも財力、学力、能力の差は、老人ホームではさして問題ではない。きわめて平等な人間関係である。私の住む老人ホームには、大会社の元重役もいれば元裁判官や大富豪もいる。私のような三流作家ではなく、昔は有名な大作家もいたらしい。それでも、特別に差別をされたり、別格扱いにされたりはしないのが老人ホームのいいところである。威張りたい人や、他人より偉く思われたい人は老人ホームで暮らすのは不向きである。

私の例をあげれば、入居後、一番最初に他人と親しく口をきくようになったのはホームの大浴場である。入居以来、隣人たちと、食堂や朝の体操でお目にかかっていたが、親しく口をきくというところまでには至らなかった。

私は一時期、雑誌記者であったし、転じてルポライターの経験もある。仕事の性質上、多くの人に会って取材をすることが多かった。ある意味で図々しいところがないと勤まらない仕事をしていたわけだ。それなのに、仕事以外では人見知りのところがあり、見知らぬ人に気軽に話しかけたりすることができない。

ところが老人ホームでは、どういうわけか風呂で親しく口をきくようになった例が多い。私は風呂で最初に親しくなったのはちょうど一回り上の亥年生まれのMさんだった。

私の生年月日を訊いて、Mさんは「亥年ですね？　私も亥年なんですよ。あそこにもあなたより一回り下の亥年がいますよ」と教えてくれた。当時、私は七十七歳だったから、Mさんは八十九歳である。とても、元気だったが何年か経つと私と同じ時間帯に風呂に来ることはなくなった。そのうちにケアセンターに移られたと聞いた。

この八年間、風呂で何人もの人と親しく口をきくようになった。入居何年も経つとほとんどが顔見知りであるから、会話もそれなりにはずむ。どういうわけか、洋服を着ているときには話さないことも、裸になっているときには言葉が口を出る。その理由について考えたことはないが、やはり、入浴で気分がほぐれているのかもしれない。

同じ時間帯に風呂につかることで、友情が生まれるのは不思議といえば不思議だ。若いとき銭湯に入った記憶があるが、銭湯で友達ができたという記憶はない。しかし、年配の人が、風呂で親しげに話をしているのを見たことはある。やはり風呂には胸襟を開く効果はあるのかもしれない。

●句友

私は一種の俳句オタクで、若い時から句作に親しんでいた。小説の同人雑誌や詩の同人雑誌には加入したことはあるが、俳句の結社には参加したことはない。ただ、ゲストで幾つかの句会に参加したことはあるが、句友と呼べる人はできなかった。ただ、有名、無名の俳人の友人は何人かいる。しかし、その人たちは俳句を通して友だちになったのではなく、俳句に関係のない仕事で知り合った友だちである。その人たちの交遊の中で話題が俳句のこともあるが、その会話は句友としてのものではなかった。

ホームの句会サークルの様子。右が筆者。

私は老人ホームに入ったら、俳句会に入会しようと考えていた。人生の終わりに俳句オタクの足を洗って俳句の仲間と一緒に俳句作りをしようと思ったのである。

私の住んでいる老人ホームには「ゆうゆう句会」という句会があった。私の入居当時、句会には、外部から俳人が講師として来ていた。

入会した当時、何かと親しく話しかけてくる先輩がいて、この人とは一緒に酒を呑んだりカラオケのスナックに出かけたりした。句友というより呑み友達という感じだった。私より三歳ばかり年上で気さくな人だった。つき合って二年目に亡くなられた。

私が入会した頃は、年上の人が多く、七十七歳の私はちょうど真ん中辺りであった。句友の集まりというより、雰囲気は、サロンの社交場のような感じだった。しかし、やはりクラブの活動は人間関係ができやすい。

当然のことだが、老人ホームのクラブ活動は、老齢がきわまってくると、自然に脱落していく人がいる。会員が少なくなるのに俳句会に加入しようという人は少ない。俳句は往年の私のようにオタクで密かに楽しんでいる人が多いのかもしれない。親しくしている隣人を勧誘するのだがみんなしり込みをする。三、四人では講師の謝礼も出ない。仕方なく休会にしようということになった。

半年ほど休会した後に、私を世話役として再び開始した。雑文作家の私には二冊ほど俳句関係のことを書いた拙著がある。最低限、基本的な俳句の知識はある。世話役なら何とかできるだろうというので始まった。私への義理で参加してくれた人たちが何人か加わり、五人ほどで再スタートした。会費は無料である。

二年ほど続けているうちに、以前講師で老人ホームに来ていた俳人のKN女史が老人ホームに入居してきた。新たに会員を募り、現在何とか六名の会員で句会を維持している。

クラブ活動というのは、人間関係をつくりやすい。高校、大学の部活で親友になるケースも多い。老人ホームのクラブ活動は学校の部活とは違うが、やはり、入居後の人間関係をつくる上での一つのきっかけにはなる。

●雀友

麻雀は若いときにのめり込んだ遊びの一つである。あちら社会での麻雀友達は、友というより敵であった。今になってみると懐かしいが、若いときは親しいというより、ギャンブルの好敵手《ライバル》であった。高い賭け金で、一晩で一カ月の小遣いを私からむしり取る憎むべき相手でもあった。

その、好敵手もみんな年上の人であったから、私が五十歳を迎える頃にはみんなリタイアして、二十数年というもの麻雀から遠ざかっていた。俳句同様、老人ホームに入ったら、ぜひ麻雀の仲間に加わりたいと思っていた。

仲間に入ってみると、俳句同様、みんな年上の人だった。七十七歳で入会して、今私は八十五歳であるが、やはり年齢の序列ではちょうど真ん中辺りではないだろうか？

麻雀は火水木金土日に行われていて、私は木曜日のメンバーである。一人は私と同年だが早生まれで、学年は一級上である。その他の人は、みんな私より二つ、三つ上である。たまに代打ちでくる人の中には私より若い人もいる。全体的にみれば、八十五歳の私は麻雀愛好会のメンバーで真ん中辺りといえるかもしれない。

八年前の入会時は七十七歳で、私は、麻雀同好会の中ではほとんど最年少者であった。当時、最長老の女性雀士は九十六歳であった。九十歳、八十歳はざらで、七十七歳の私は洟垂《はなたれ》れ小僧であった。いっぱしのギャンブラー気取りの私は、素人相手とタカをくくっていたが、出鼻をくじかれた格好であった。こてんぱんにやられた。

私は内心《賭けない麻雀は気分が乗らない》などとうそぶいてはいるものの、賭けても叩きのめされたかもしれない。相当に腕のある雀士もいる。

一年も経つと賭けない麻雀にも慣れてきて、楽しい日々が続いている。

老人ホームのみならず、歳月人を待たずであるが、特に老人の会は出入りがくり返される。雀友の顔ぶれも何度も変わった。

●カラオケ仲間

入居後八年間、今でもカラオケを歌い続けている。

私のカラオケ歴は相当に長い。まだカラオケがブームになる前は流しのギターやアコーディオンに合わせて歌った。当時流しの料金は三曲千円であった。大卒の初任給が一万五千円とか二万円の時代であるから、三曲千円は相当に高額というべきである。次いで、歌本をめくりながらステレオから流れてくるメロディーに合わせて歌った。やがて、モニターに歌詞と映像が出てくる現在のテレビジョンの形式になったのは、正式に調べたことはないが、おそらく五十年くらい前であろう。

私のカラオケ歴は流しの伴奏まで入れて、六十年くらいになるわけだ。俳句の経歴はやや古いが、麻雀もカラオケも首を突っ込んで六十年以上ということになる。古いからといって威張っているわけではない。第一カラオケも麻雀もベテランだからといって威張れた経歴ではない。

仕事の最初は、出版物の編集者であったから、歌本の編集や監修にも携わった。また、ソノシートというレコードまがいの雑誌の編集にも関係した時期がある。そんな関係で、私の歌のレパートリーは約二千曲である。これはやや得意気に吹聴《ふいちょう》しているが、二千曲全部を披露するわけではない。よくうたう歌は好きな歌である。私の常時うたう歌は演歌がほとんどで、くり返しうたうのはせいぜい二百曲くらいである。何年かに一度、シャンソンやジャズ、ポップスのヒットナンバーを歌うこともあるが、本当にまれで、通常はド演歌である。平成以後の新しい歌はほとんど覚えない。もっぱら昭和演歌である。

老人ホームのカラオケ仲間にも新旧の入れ替わりはある。私が参加した八年前には、元校長先生というFさん、OT女史、KS女史、KM女史などがいた。KSさんのご主人は生前S新聞社に勤めていて、私は仕事の関係で新聞社に出入りしていて、何度も呑み歩いた酒友であった。このことを知った時には幾ばくもしないうちにKSさんは体調を崩し、カラオケに出てこなくなった。やがて、OTさんもKさんも体調不振でカラオケに出なくなった。令和二年三月現在、カラオケクラブには女性は一人も参加していない。

いつの間にか八年間のうちに、八十五歳の私がカラオケクラブの古株となってしまった。私より年長者はTさん一人である。Tさんは私より三歳年上で、新しいポップスや演歌を披露する。老人ホームの混成コーラス部の男性ボーカルの一人でもある。

メンバーは交代したが、令和の現在のカラオケのメンバーは一番結びつきが固い。老人ホームの行事などでは、メンバーがひとかたまりになって酒杯を酌み交わしている。

●アスレチックジムの仲間

アスレチックジムのトレーニングは、私は土曜日の朝一番の九時からのコースを選択している。八年前の夏以降から八年間続けている。入居時は仕事の関係で上京したり、大病で長期に休んだこともあるが、それ以外は続けている。現在はコロナのために、ジム、俳句、麻雀は三月から六月まで四カ月間中断した。

朝の健康体操は、最初の入院で休んでから、退院してからも参加するのが億劫になって中止したが、ジムは続けている。メンバーの入れ替えは何度かあったが、この二、三年は同じメンバーである。インストラクターの交代は一度あったが、メンバーは不動である。NA女史、KU女史、それに男性のNKさんである。

土曜日、朝一のメンバーとはトレーニングしながら談笑することが多い。和気あいあいのグループである。女史二人は太極拳の名人で、二人の間でその話に大いに花が咲いている。時には、二人の女史はジムのトレーニングを中断して太極拳のポーズなどを交えて話し込んでいる。その話を聞きながら、男性たちはそれなりに楽しんでいる。

何しろ、週一で何年間も同じ空気を吸っているのだから親しくなる。

ちなみに年長のNKさんは私にとって風呂友、雀友でもある。八年前の同じ時期に入居しており、親近感はひとしおである。酒の愛好家でもあり、時に酒席を一緒にすることもある。ジムでときどき酒のウンチクについて語り合ったりする。

花と緑の里

ときどき伊豆高原の老人ホームについて語る講演会を依頼されることがある。入居者としての講演は私より適任者はたくさんいるのだが、前述のように私には老人ホームに関する著作が三冊、老人について語った書籍が一冊ある。そういうわけで講演を依頼されるわけである。本を書くに当たっていろいろと取材をさせてもらっている関係で、無下に断るわけにはいかない。講演をすると、拙著の宣伝にもなるので私はむしろ、積極的にお引受けをしている。

私は今の老人ホームに入居して八十パーセントは満足している。満足していないのに依頼されたから仕方なく、講演でお世辞を言っているという気持ちはさらさらない。そんな講演なら最初から引き受けない。講演で心にもないことをしゃべるわけではない。私は老人ホームの単なる広告塔とは考えてはいない。それに物書きの端くれという自負があるから、講演で単なる宣伝文句を並べる気にはなれない。もっとも現役時代、広告代理店の依頼で多数のパブリシティ記事を書いてはきたが、私は自分で納得した商品でなければ仕事は引き受けなかった。その証拠に自分で自分の記事に惚れ込んで、その商品を購入して、原稿料がふいになってしまったことが何度もある。そういうわけで、自分の老人ホームの住心地を気に入っていなければ、講演を引き受けたりしない。いつも、講演に際しては、真実を伝えたいという気持ちでのぞんでいる。

老人ホームの講演で必ず話す一項目がある。「ゆうゆうの里の一押し二押し」という項目である。講演の内容は主に一般的な老人ホームの考え方や選び方、暮らし方について述べているのだが、「一押し二押し」のところでは「ゆうゆうの里」の宣伝をする。

宣伝といっても、前述のように、自分が惚れ込まない限り宣伝の片棒は担がないのだから「一押し二押し」は宣伝をしているというより実感を話しているのである。一押しは「花と緑の里」ということである。まさに実感である。老人ホームの広大な敷地には花があふれ、緑が茂っている。

前述の如く「伊豆高原ゆうゆうの里」は富士箱根伊豆国立公園の中に位置している。周知のように伊豆高原はリゾートエリアであり、夏涼しく冬暖かい別荘地とし

花と緑の里「伊豆高原ゆうゆうの里」（ドローンからの空撮）

て知られているところである。
国立公園法によって美しい自然を損なわないように住居は低層であり、緑の中に点在する白亜の建物はロマンチックで、老人の館というより新婚さんの住まいといいたいくらいである。
ホームの敷地内にあふれる花と緑は、思いつくままに列挙しても、桜に始まってつつじ、紫陽花《あじさい》、金木犀、薔薇、山もも、けやき、ひめしゃら、椿、山茶花《さざんか》、アカシヤ、あせび、楠……など枚挙にいとまがない。
私の住居は敷地内の五号棟であるが、ベランダのガラス戸越しに雑木林が見える。漆《うるし》の木が赤く色づいたり、雑木林が緑の葉を茂らせるのを見るのは何とも心地好い。

目を凝らしていると、リスが枝の上を走っていく。時々、八年間、花と緑に囲まれて暮らしてきてきたために長生きしているのかと思うことがある。

老人ホームの老人の一日

大方の人は、老人ホームに入っている老人は毎日を無為に安穏《あんのん》と暮らしているように見えるかもしれない。

確かに入居者の中には、長い人生、六十年、七十年とあくせく働いてきたのだから、老人ホームに入ったらのんびりと暮らそうと考えて移り住んだ人もいる。基本的な考え方としてはその考え方の人がほとんどであろう。

悠々自適《ゆうゆうじてき》という言葉があるが、まさに、老人ホームの住人たちは老後をゆうゆうと過ごそうと思って入居してきたわけだ。私の入居している老人ホームの名称が「ゆうゆうの里」であるが、まさに「悠々と生きましょう」ということからネーミングされたに違いない。「ゆうゆうの里」のシンボルマークが蝸牛《かたつむり》をデフォルメしたものだが「蝸牛のようにゆったりのんびり歩みましょう」という意図で造形されたのであろう。

しかし、悠々と生きるということはどういうことかと訊かれると、すらすらとは答えられる人は少ないはずだ。観念的には「俗事にとらわれず自分の望むままに静かに生きること」と答えられるかもしれない。しかし、どこに住んでも生活のリズムは刻《きざ》まなければならない。

私など遊び好き、酒好き、怠け者であるから悠々自適に暮らしているように見えるが、結構、忙しい日程で動いている。忙しいといったところで仕事ばかりではなく、遊びも生活のスケジュールに入れての話である。

老人ホームの住人の中には一年に何度も内外の旅行に出かける人もおり、こういう人は一カ月、二カ月はあわただしく過ぎてしまうに違いない。私も老人ホームに入居している身でありながら物書きの現役で、常時、売文の仕事をしているので、結構忙しい。

大雑把に老人ホームの老人の一日を紹介してみよう。それぞれ生活には個人差もあるし、人によって一日の過ごし方は違う。私の生活パターンも他人とは若干違っているはずだ。八年間、住人の生活を観察してきたので、住人の平均的な一日を紹介してみよう。

おそらく、多くの人は、朝の目覚めは四時から五時くらいであろう。中には前の晩遅くまでテレビを観ていて、起床が七時頃という人もいる。また、人によっては、四時に目覚めてぐずぐずしていて、いつの間にか二度寝をしてしまい、朝食を知らせる食堂のチャイム(七時四十五分)で目が覚めたという年寄りらしからぬ人もいる。

しかし、通常の生活では五時には洗顔をすませて、ホームの近くを早朝の散歩をしたり、里内の清掃ボランティアという健康的な人が多い。健康的に早朝の時間を過ごしてから、快適な空腹感で食堂に行く。

自炊の人や朝食を自宅でという人の時間帯はそれぞれだが、私の例をみても、朝の生活はそう大きな違いはない。

朝食の後、テレビや新聞に目を通して九時半になると朝の健康体操が里内の庭園広場で行われる。雨が降ったり、異常に風が強い日などは、庭園ではなく室内のコミュニティホールで行われる。体操は九時半から十時までの三十分である。

それから昼食までの二時間も過ごし方は人それぞれであるのは当然だ。里のシャトルバスで買い物に出る人、洗濯をする人、新聞を読む人、読書をする人、テレビを観る人、アスレチックジムでトレーニングをする人、本格的に近郊散歩に出かける人、……など、さまざま。

火曜日には市内の医療機関を巡る受診便という車が出る。これは入居者には有難い。朝の八時半が一番便、次いで午前中は十時便がある。午後にも、一時半と三時半に里を出発する。最終便以外は帰りの便で前に送り届けた人のお迎えをする。受診便のある日はそれで一日が終わってしまう。それにしても病院の送り迎えは有難い。

私の場合、朝の起床は平均六時頃である。目覚めるのは五時前後だが、ベッドの中で、あれこれと考え事をしている。不覚にも二度寝をしてしまうこともあるが、それ以外は一時間のベッドの中の思索は私にとって大きな収穫になっている。気に入った俳句などは朝のベッドの中のよしなしごとの思索中に生まれることが多い。

ベッドを出て洗顔の後、朝食前の一時間に仕事らしきことをする。朝食の後、約二時間の間にＮＨＫの朝の連続テレビ小説、次に新聞とテレビ。それから、特別の予定が入っていなければ、十時頃から午前中の仕事で机に向かう。

受診便と土曜日のアスレチックジムだけは、日常とやや異なる時間割となる。

入居三年目に大病を患って、退院して以後、朝の健康体操を休んでいるが、それまでは欠かさず参加していた。

あちら社会にいるときは、昼食の後、自宅で仕事をしているときは、必ず一時間昼寝をするのが日課だった。これは、夜中に仕事をするための必要な習慣であった。

あちら社会では、午前三時起床、八時朝食、午前二時間仕事、昼食とテレビ、一時から一時間昼寝、二時から仕事、五時仕事打ち切り、入浴、酒、夕食、食事しながらのテレビで八時〜九時には就寝。午前三時起床というパターンだった。一見、規則正しく見えるが、仕事の打合せで都心に出たときは、多くの場合、ご帰還は午前様で、仕事のリズムはしばしば狂ってしまった。

老人ホームに入居してからは、切羽詰まった仕事はしないので、前述したリズムは大きく崩れることはない。入居六年目までは、月に二〜三度ぐらいの割合で仕事の打合せで上京したが、入居七年目あたりから、打合せは三カ月に一度くらいに減らした。やはり、上京は体力的につらくなったのだ。帰ってくると疲れを感じた。これからは、半年に一度くらいに減らそうと考えている。

老人ホームでの午後の昼寝は、気まぐれで、時にはしないときもある。しようと思えば昼寝の時間もたっぷりある。しかし現在の私は、仕事にがんじからめになっているわけではないので、昼寝をしてもしなくても不都合はない。眠くなれば寝るし、テレビに釘付けになって昼寝のタイミング逃がしてもさしたることはない。いたって気楽である。

午後は、午前中に買い物に出かけなかった人は買い物に出たり、午後の時間帯にアスレチックを選択している人はジムに出かけたりする。午後から散歩をする人もいる。また、夏祭りのための盆踊りの練習なども午後に行われる。年に一度の運動会も午後である。

私の場合、木曜日の午後、一時半から五時まで麻雀である。カラオケは第一月曜日と第三月曜日で、麻雀同様、午後一時半から約五時までの時間帯である。老人ホームの中にある「ゆうゆう句会」は毎月、第三火曜日の午後の二時間。私が講師を勤める地元有志の「ふるさと句会」は第二火曜日と第四水曜日で、これも一時半から約二時間程度だが、こちらのほうは終わってから仲間と一献傾ける。帰宅は夕刻の五時前後で、二次会に繰り出せば帰宅は八時過ぎである。

夜の楽しみは酒である。あちら社会にいるときは、晩酌は夕食時であったが、老人ホーム入居以来、晩酌は、夕食後、大浴場から帰ってからである。晩酌が変則的になったのは、妻が酒を一滴もたしなまないからである。あちら社会にいるときは、妻を無視して、夕食時になれば勝手に食卓について呑み始めたが、老人ホームに入ってからはそうはいかない。ホームの食堂も、六時からは晩酌ＯＫなのだが、酒の呑めない妻を前に私だけが酒杯を傾けるわけにはいかない。それで、風呂上がりに呑むようになった。当初は違和感があったが、慣れてみると不満も少なくなる。食後、風呂上がりの酒は胃の負担も少なく、健康のためにはいいのかもしれないと考えたりもしている。しかし、そのためかメタボはなかなか解消されない。

ホーム主催の月に一度の晩酌会については別項で後述する。

参考のため、次頁に私の令和二年二月の一カ月間のスケジュール表を掲載してみる。

一見詰まっているようだが、一日まるまるつぶれるのは二十一、二十二日の出張のみである。午後がつぶれるのは句会と麻雀である。それ以外の日は目的のスケジュールを消化すれば、残りの時間は自由時間である。この余りの時間を、読書、仕事、昼寝などにあてるわけだ。生き馬の目を抜く生産社会のスケジュールと違って、年寄りのゆったりスケジュールである。これでもけっこう忙しいが、その忙し

菅野国春のスケジュール表　（令和２年２月）

日	月	火	水	木	金	土
1/26	27	28	29	30	31	2/1 AMジム
2	3 PMカラオケ	4	5	6 PM麻雀	7 AM眼科	8 AMジム
9	10	11 PM ふるさと句会 （※1）	12 AM銀行	13 PM麻雀	14	15 AMジム PM講演
16	17 AM取材 PMカラオケ	18 PM ゆうゆう句会	19	20 PM麻雀	21 東京出張 会議 （※2）	22 帰宅
23	24	25 夕刻 晩酌会	26 PM ふるさと句会	27 PM麻雀	28	29 AMジム

※１：句会後酒席　六時帰宅
※２：10:45 踊り子２号　ホテルイビス　帰途新幹線
（このときの出張はコロナのために中止）

さは切実ではない。このスケジュール表が真っ白になったら、いよいよ老いも深まり、終末の時に近づきつつあるということになる。

なるほど住めば都《みやこ》だ――地元になじんで八年間

約七十年前、郷里の岩手から東京に出たときは、故郷を出る切なさと同程度の未知なる都会への好奇心が同居していた。そしてホームシックやさまざまな挫折感で何度も帰郷を考えたが、結局、帰郷のチャンスを失して、どっぷりと都会の暮らしに染まって年老いてしまった。

都会の暮らしに毒され、独身放蕩の時代は何度も下宿を変えた。東京の江東区、江戸川区、中野区、武蔵境、調布と流れ流れて、調布で結婚した。結婚しても放蕩流浪の癖は直ったわけではなかったが、妻はまともな人間だったために、住居は転々とすることなく調布に二十年間住み続けた。独身時代の住居転々生活を含めて東京暮しは三十年ということになる。調布で娘が誕生し、越冬のため岩手から上京していた母は調布で亡くなった。調布はある意味で、私にとって因縁の土地と呼べないこともない。調布の家は市営住宅で家賃はただみたいな金額だった。貧乏作家にはまたとない好都合の住まいだった。

調布の次に住んだのは神奈川県の相模原市である。相模原に住んだのはある意味で偶然の成り行きであった。娘が成長し個室を持たせなければ可哀相だというので、持ち家を探して東奔西走しているうちに、貧乏作家の予算の関係で手頃な家は東京では見つからず、相模原で見つかったのである。調布に二十年間も住んで土地に愛着もあったが、バブルの最盛期の頃で、調布で家を購入するとなると、相模原と同程度の家は約倍の価格だった。

神奈川県といっても、相模原の家は八王子に十分、町田に十四分、新宿に京王電車の特別快速で四十分だった。新宿に出る途中の駅に調布も明大前駅もあった。引っ越した当初はやや都落ちという感じはしたが、慣れるにしたがって都心からのタクシー代が高いという以外はあまり気にならなくなった。

物書きの私は仕事は家の中でするが、打合せや取材で都心に出ると、決まって飲んだくれて、午前様の朝帰りとなる。お得意様の出版社や広告代理店はほとんどが東京都心で、贔屓《ひいき》の酒場も東京の盛り場である。机に向かっているとき以外は、ほとんど都心にべったりの毎日で、住んでいる場所に愛着が生まれるということは少なかった。住居の地にある氏神さまの夏祭りや秋祭りに参加したこともない。町内会の運動会や旅行会などにも出たことはなかった。町内に住み、我が町を愛する人から見たら、何て変わった人で異邦人のような男だと思ったに違いない。

老人ホームへの住み替えのときも、いよいよ引っ越しというときになっても、我が家への愛着というより、どちらかといえば、都会の盛り場へ決別する淋しさだった。いうならば、仕事に追われている現役時代は「住む」というより、仕事への拠点としての「ねぐら」であった。そういうわけで、老人ホームへの移住は私の場合、住み慣れた町を出るというより、仕事に遠ざかる意識のほうが強かった。相模原を捨てる淋しさは、仕事から離されていく淋しさであった。

三十年の相模原生活は、書斎と駅と都会の往復だった。馴染みの酒場も地元ではなく他の場所にあった。地元の馴染みといえば、せいぜい朝帰りの昼酒を呑む蕎麦屋、夜遅くまで開いているラーメン店、近くの歯医者、かかりつけの医院ぐらいのものである。

放蕩無頼の半生を生きた私にとって地元は前述のように「寝に帰る場所」でしか

なかった。人情の機微や自分を包み込んでくれる環境に接する機会も少なかった。長い間暮らした調布や相模原は、見るもの触れるもの、ほとんど仕事一辺倒であった。取引先や仕事の協力者と打合せするために待ち合わせる喫茶店や駅ビルの談話室だけが記憶に残っている。思えばわびしい半生だった。老人ホームに移って老いも深まった現在は、名実ともに住居は終の住処である。仕事中心の生活から終末に視線を凝らす日々に軸足が移っている。今の心境は、終焉の地である地元に少しでも恩返しをしたいという思いである。かつて住んでいた地域への罪滅ぼしのような思いもある。

現在は出かけるといっても仕事のためではない。健康のためのアスレチックジムに出かけたり、趣味の遊びや手紙の投函のための外出である。そのほかに、カルチャースクールの講師とか講演を頼まれて遠出することはある。仕事といっても、あちら社会にいるときの切羽詰まった感じはない。著作以外の仕事は半ば奉仕のための仕事である。

老人ホーム入居以来、八年間、ゆったりとして時間が流れている。老人ホームの玄関を出ると、白い回廊が巡らされている。その回廊を歩きながら、後、何年この風景を目にすることができるのだろうか?などという感慨を抱くことがある。あちら社会にいるときには周囲の風景に目を奪われることなどなかった。一歩玄関を出ると、仕事という戦場に赴く戦士のような心地だった。家の周囲にあった緑にも、桜の咲く公園にも冷淡だった。思えば味気ない生活だったと思う。今は桜にもつつじにも、花という花に心が洗われる。鳥の声もリスの姿に接することで生きていることを実感する。

確かに失われた過去に哀惜の気持ちもある。しかし、かつて暮らした土地は平穏な安住の地という思いとはほど遠い。ねぐらだけの我が家があった地から、自分の骨を埋める終焉の地に根を下ろしたのである。

若いときには伊豆半島に住むことなど考えたこともなかった。物書きの末席を汚す私は旅情や詩情の何たるかを心得ている。伊豆には旅情も詩情もあることは知っていた。下田港を始めとして、仕事でも遊びでも何度か伊豆半島を訪れている。若いとき、伊豆の詩も書き、伊豆の演歌もうたった。当時、伊豆半島が自分の終の住処になろうとは夢にも思わなかった。花あり、詩あり、山海の珍味が豊富な伊豆は考えてみれば終焉の地にふさわしいのかもしれない。都会の粉塵に毒され、心までネオンの色に染められた放蕩無頼の人間が、八年かかって半島の清浄な空気に洗浄され、その生涯を終わろうとしているのだから愉快である。

毎日の温泉の有難さ――風邪引き知らずの八年間

老人ホームに入居して何度か大病は患ったが、考えてみると、一度も風邪を引いていない。これは不思議なことだ。

あちら社会にいるときには、風邪を引きやすい体質で、まるで日課とでもいうように風邪を引いては寝込んでいた。よりによって外国取材の前日に風邪を引くのだから、取引先には多大な迷惑をかけた。オーストラリア、ハワイの取材のときは、出発の前に高熱を出して寝込んでしまった。仕事とはいえ、旅費、宿泊費も会社負担の海外旅行がふいになってしまった。相手に迷惑をかけたことも胸が痛むが、無料の外国旅行がふいになったのは返す返す残念である。無念ではあるが熱で体が思うようにならないのだから仕方がない。

そんなに風邪の引きやすい私が老人ホームに入居以来、八年間、一度も風邪を引いていない。嘘のようだが、本当の話である。

なぜであろうと考えてみたが、思い当たるのは老人ホームの大浴場が温泉だということである。これしか思い当たらない。実感としては温泉は湯冷めがしないことだ。これが風邪の予防になっているのかもしれない。

風邪の前兆の嫌な予感がするときも、温泉に浸かって布団にもぐり込むと翌朝は風邪の前兆が拭い去られている。

講演の前日に嫌な予感がしたことがある。昔、外国取材の前日に高熱を出して急きょ代わりの記者に代役を依頼したことを思い出した。今のところ熱はないが、もし明日講演ができないということになったらどうしようと不安がよぎった。外国取材の代役なら、喜んで引き受けてくれる人もいたが、三流作家の講演の代役はそう簡単には見つからないだろう。私はいつものように温泉に浸かり、市販の風邪薬を飲んで早い時間に布団についた。不安をかかえて眠りに入ったのだが、翌朝、目覚めると風邪の前兆は消えてさわやかに朝を迎えることができた。温泉の実力は本物だと胸をなでおろした。

老人ホームに入ってから、仕事の打合せで何度も上京した。最初の二年くらいは、東京駅も中央線も、山の手線も懐かしかった。新宿駅の雑踏も、在りし日の自分を思い出して懐かしかった。夜、二次会で歌舞伎町やゴールデン街をさまようと、胸を締めつけられるような郷愁を覚えた。

五、六年の月日が流れ、老人ホーム暮らしが身に付いてきたら、都会の雑踏に違和感を感ずるようになった。ホテルの窓から街路を見下ろしたりすると、異国に来たような気分になって落ち着かなくなった。

《早く帰って老人ホームの温泉に入りたい》

そんな思いがわきあがってくる。その思いは思いで、老いの自覚とあいまって一抹の淋しさを感ずるのである。

用事が済んで、故郷に向かう旅人のように都会を逃れて老人ホームに帰ってくる。熱海の駅で伊東線に乗り換えるとなぜかほっとする。《今夜は温泉だ》そんな思いが心の底をよぎると、温かいものが体のしんを流れるのが分かる。こんな思いがわきあがってくると、いつの間にか不逞無頼の男が、頼りない老人になってしまったことを実感する。

老人ホームの温泉は、分析表によれば、泉質は硫酸塩・塩化物温泉だという。低張性・弱アルカリ性・高温泉と記されている。老人ホームの温泉にはどんな効能があるかわからないが、一般的に温泉の効能は、疲労回復や筋肉痛、冷え症、病後の養生などに効くといわれているから、風邪の予防にも効果があるのかもしれない。

日々の暮らしの中で、ちょっとした心にかかることがあり、少しメランコリックな気分になっているときに温泉に入ると、憂鬱な気分が洗い流されていく。これは、リラックス効果のためだと思う。老人ホームの住人には長生きの人が多いが、規則正しい生活と温泉効果もあるのではないかと私は考えている。

老人ホームの食事——日々進化する介護食

動物である限り食事は生きるために欠かせない重要な営みである。なまじ人間は知性や感情があるから、食事は口に入りさえすればそれで満足というわけにはいかない。たとえ生きるためのエネルギー補充の食事であっても、栄養素が満たされたので食事の目的は達成されたとして満足するということはない。少しぐらい体に悪くても、グルメを楽しみたいというのが人間の食への欲求である。

私は酒飲みで遊び人であったから、あらゆるグルメに接してきたが、生まれも育ちもB級人間で、どちらかといえば食事もB級グルメ派である。

昔、フランス料理の世界的老舗である「マキシム」が東京に進出したとき、雑誌にレポートを書く仕事で、当時の金額で数万円のディナーを注文した。同僚の記者たちからは羨ましい仕事だとやっかまれたことを覚えている。そのとき、どんな食レポを書いたか、記事の内容は覚えていないが、今でも記憶に残っているのは《大衆食堂の生姜焼き定食のほうが自分に適している》という感慨だった。しかし、私は決して味覚オンチというわけではない。A級グルメより、B級グルメが性に合っているというだけの話だ。

食の育ちが悪いのに、好き嫌いだけは人並み以上に激しくて、妻は何十年も苦労したはずである。その妻の腰痛が重症になり、食事を作るのが辛くなったというので老人ホームの入居が早まったのだから、不思議な巡り合わせである。

私の場合、老人ホーム入居の決定理由は自然環境と温泉であったが、実は食事も老人ホームを選ぶ上での重要なファクターである。

私がいつも感心するのは、老人ホームの食事のメニューについてである。老人ホームはレストランではないのだから、意表を突いたり、珍しいメニューを考えたりする必要はない。しかし、一般家庭のように、似たようなメニューが続いたりすれば、すぐに苦情の槍玉にあがるであろう。老人ホームは、家庭料理とレストランの中間の感じで毎日メニューを目新しくしなければならない。まことに苦労の多いことだと察するにあまりある。

私たち入居者も、特別不満もなく提供されるメニューにしたがって日々の食事を申し込んでいる。私の場合も、八年間という長い月日を老人ホームの食事に接してきた。

もっとも、不満のある場合は自炊をして好きなものを食べることもできる。私の入居している老人ホームは自炊、外食は各自の自由である。入居者の中にはボケ防止のためというので、自炊をしている人も多数いる。朝昼は食堂で夜は自炊という人もいれば、朝夕が食堂で昼は自宅で軽食という人もいる。

私の場合は、朝が自宅で、昼夜が食堂である。ほとんど、このパターンで八年間過ごしてきた。他の拙著でも書いているが、私の場合、朝食は自宅でとるというのは、NHKの朝の連続テレビ小説を観るためである。食堂は朝は七時四十五分からで、この時間に食堂に行くと、八時～八時十四分までのドラマに間に合わなくなるのである。六時台の時間帯にBSでも放送されているが、その時間帯は仕事とか新聞、洗面など朝の行動のパターンに差し障りができる。家で食事をして、朝ドラを観るというのが、いわばこの何十年間の私の朝の日課で、老人ホームでもその習慣は続いている。

老人ホームでは食事のメニューは一週間ごとに配られる。日曜日から土曜日までのメニューが記入されたプリントが配布される。夕食には選択食があって通常食と選択食のいずれかを選んで記入する。記入するための専用の申し込み書もある。申し込み書も一週間区切りになっているが、前日の午後二時までに売店に提出すれば、申し込みもキャンセルも可能である。朝食は通常食とパン食があって、どちらかが選べるようになっている。（次頁の週間献立表を参照）

献立表には週一程度の割合で「特別食」が提供される。通常料金より割高になるが、通常食とはひと味違うグルメの献立である。たとえば「うな重」「特製寿司」「刺身盛り合わせ」「特製ステーキ」などである。他に、新年の祝賀弁当、晩酌祭の酒肴献立、敬老の日の特別献立などもある。

令和2年5月

20日（水）	21日（木）	22日（金）	23日（土）
焼き厚揚げ 里芋の煮物 しらすおろし 味噌汁(麩) サービス　梅干し	**鯵味醂干し** 大根と人参の信田煮 胡瓜と若布の酢の物 味噌汁(玉葱)	**千草焼き** 竹輪の炒り煮 ほうれん草の胡麻和え 味噌汁(豆腐) サービス　ふりかけ	**甘塩鮭** 五目大豆煮 大根と胡瓜のあちゃら漬け 味噌汁(里芋)
海老シューマイ パンケーキ サラダ フルーツ フリードリンク	オムレツ ロールパン サラダ フルーツヨーグルト フリードリンク	さつまいもバター 食パン サラダ フルーツ フリードリンク	ハムステーキ ソフトフランスロール サラダ フルーツヨーグルト フリードリンク
喫茶店のナポリタン アスパラと新じゃがのバター炒め コールスローサラダ コンソメスープ	**木の葉丼** 茄子のそぼろ煮 白菜の生姜和え 清汁(花麩)	**記憶力アップメニュー** **鯖竜田揚げカレー風味** 根菜の煮物 もずく酢 味噌汁(なめこ)	**二色ざるそば** 巻き寿司 フルーツあんみつ
新玉葱たっぷりの **肉野菜炒め** 冬瓜の淡雪あんかけ 焼き茄子 清汁（地海苔） サービス　フリードリンク	**鰆とよもぎ麩の** **桜海老あんかけ** 五目卵の花 小松菜のお浸し 味噌汁(もやし)	**ハンバーグの** **デミグラスソース** 彩り生野菜サラダ フルーツタルト 若布スープ	**サーモンの刺身の** **鯵のたたき** 肉じゃが 青梗菜のお浸し 赤だし(しじみ) 枝豆ご飯
1759 kcal 蛋白 57.8 g 脂質 47.8 g 塩分 8 g	1680 kcal 蛋白 63 g 脂質 34.7 g 塩分 8.7 g	2015 kcal 蛋白 62.9 g 脂質 63.1 g 塩分 5.6 g	1590 kcal 蛋白 86.2 g 脂質 21.9 g 塩分 7.6 g
鹿児島県産 **鰻の錦糸重** 2800円	**蒸し鶏と温野菜**	**すずきのムニエル** **オーロラソース**	**ジャンボ海老フライと** **ビーフカツ** 1800円
1890 kcal 蛋白 77.6 g 脂質 66.5 g 塩分 10.8 g	1767 kcal 蛋白 75.2 g 脂質 45 g 塩分 8.3 g	1960 kcal 蛋白 64.9 g 脂質 70.8 g 塩分 5.7 g	1860 kcal 蛋白 91.1 g 脂質 47.3 g 塩分 7.4 g

仕入れの都合により献立を変更する場合があります、ご了承ください。

週間献立

	17 日 （日）	18 日 （月）	19 日 （火）
朝食	**秋刀魚干物** 大根のおかか煮 キャベツの青しそ和え 味噌汁(南瓜)	**出し巻き玉子** 刻み昆布の煮物 三色生酢 味噌汁(キャベツ) サービス　梅干し	**塩鯖** 干しずいき煮 白菜の和え物 味噌汁(若布)
パン食	スクランブルエッグ パンケーキ サラダ フルーツヨーグルト フリードリンク	野菜炒め ﾎﾃﾙﾊﾟﾝとﾛｰﾙﾊﾟﾝ サラダ フルーツ フリードリンク	目玉焼き 柔らかフランスパン サラダ フルーツヨーグルト フリードリンク
昼食	**肉団子の甘酢あんかけ** ブロッコリーとウインナーのカレー炒め 春雨サラダ 中華スープ	**地鯵のフライ** 高野豆腐と白魚の卵とじ ほうれん草の柚子浸し 味噌汁(大根)	**びんちょう鮪の漬けちらし寿司** 大根とごぼう天の煮物 枝豆の白和え 浅利の潮汁
夕通常食	**鮪の山かけ** 五目ひじき煮 小海老の酢の物 味噌汁(豆腐)	**さっぱりおろし焼肉** 白菜と桜海老の煮浸し 山東菜の山葵和え 清汁(はんぺん)	**京都施設美肌メニュー** **豆腐と山芋のチーズ焼き** 筑前煮 めかぶの酢の物 味噌汁(さつま芋)
摂取量	1694 kcal 蛋白 75.7 g 脂質 31 g 塩分 7.5 g	1864 kcal 蛋白 92.4 g 脂質 59.8 g 塩分 7.5 g	1742 kcal 蛋白 87.7 g 脂質 36.6 g 塩分 6.7 g
夕選択食	**鶏もも肉の香草パン粉焼き**	**ハマチの生姜煮**	**ミートオムレツ**
摂取量	1854 kcal 蛋白 74.9 g 脂質 52.1 g 塩分 7.5 g	1846 kcal 蛋白 96.4 g 脂質 54.3 g 塩分 7.1 g	1767 kcal 蛋白 86 g 脂質 42.5 g 塩分 6.8 g

≪施設使用米≫令和元年度山形県産はえぬき

※食事の締め切りおよび取り消しは、前日の午後2時です。

特別食が口に合わない人のために、当然のことだが、通常献立も提供される。入居者は好みの食事を選べるようになっている。

ホームの外のレストランに食事に出かけることもある。私の場合は老人ホームに訪ねてきた客人を接待するために外のレストランを予約する。自分でグルメを求めて出かけることはほとんどない。私の入居している老人ホームは伊豆半島で、いわば行楽地の中にあり、洒落たレストランやユニークな割烹料理屋が点在している。美食家にはまことに好都合な場所である。私はB級グルメの愛好家であるが、たまのA級グルメは大いに刺激的である。目からウロコならぬ舌からウロコが落ちることはしばしばある。

老人ホームの厨房でも事前に依頼すれば、刺身の盛り合わせなどの特別料理をあつらえてもらえる。客人をわざわざ外に連れ出さずにホーム内の食堂でもてなすこともできる。酒も、六時過ぎなら食堂で飲酒が可能である。

ちなみに老人ホームの食事の料金（令和二年二月現在）は次のようになっている。朝食四二一円・昼食六八九円・夕食九二一円である。特別選択食の価格は提供される食事によって異なる。たとえば二月十一日の鹿児島県産「鰻の錦糸重」は二千八百円。十五日の「特上天ぷら盛り合わせ」は千八百円となっている。自炊の好きな人は別として、献立を考えるのに辟易《へきえき》したという人にとっては、老人ホームの提供する食事は有難い。

朝昼夕、食事時を知らせるチャイムが鳴る。空腹のときなどはチャイムの音が懐かしく響く。放牧されている動物が条件反射で音楽に集まってくるテレビを観た記憶があるが、チャイムにやおら立ち上がる自分をその追憶に重ねることがある。食事は動物の生きるための本能だが、人間にとっては、食事は生きる楽しみの一つといえるのかもしれない。

本書を執筆するにあたって老人ホームの介護食はどうなっているか、ふと知りたくなった。介護を受ける身でも食事は大きな希望の一つに違いないと推察したからである。自分も何年か先には介護を受ける身となるのは必至である。そのときにどんな食事が提供されているのか気になったからである。

事務管理課のWさんを通じて介護サービス課に取材を申し込んだ。五年前「老人ホームのそこが知りたい」という拙著を刊行したが、そのときも介護施設のあれこれを取材させてもらった。たかだか五年くらいの時間しかたっていないのだから大きく変化をしているわけではない。しかし、以前の取材は、食事だけではなく、居室、入浴など、介護全般についての取材だった。しかし今回は食事のみの取材だったので、実際に各種の介護食の試食もさせてもらった。

基本的には、私のような自立している居住者と同じメニューである。ただ、通常食の他に、刻み食、ペースト状、流動食、ソフト食などに分けて、介護を受ける人の状態に合わせて提供されていることだ。

実際に試食したがどれも味は悪くない。この食事なら、物を噛めなくなっても、淋しくはないなと内心思ったりした。取材で訪れた日の選択特別食は寿司だったが、自立者、介護者も同じく寿司であった。通常食を食べられる人は、介護棟でも寿司を食べていた。

今、介護食も進化していて、見た目はかつ丼やうな重だが、実際は口に入ればとろりと溶けるのだそうだ。味はまぎれもなくかつ丼でありうな重だというのである。私の入居している老人ホームの系列に連なる佐倉施設（千葉）は、すでにそのような食事を提供しているという。このようなグルメな介護食を提供するためには特別な設備と技術が必要だという。しかし、同じ系列の施設が実行しているのだから、

介護食の例

メニュー
・おでん
・茄子の揚げびたし
・ささみのおそり和え
・吸い物

【通常食】

【ミキサー】

【一口大】

【ソフト食】

【きざみ】

・とりつくねのトマトソース煮
・茄子の揚げびたし
・ささみのおそり和え・吸い物

【凍結含浸食】

2016.5.16 開設記念祭ケアセンター食事（夕食） ※佐倉施設職員が調理

有益な物質（酵素、栄養成分、調味料など）を食品素材内部に急速導入する技術である。見た目が通常の食品と変わらない。食材を刻んだり砕いたりせず酵素を使ってやわらかくする画期的な技法で、普通の食事と見た目が同じように出来るので「目にもおいしい介護食」と呼ばれている。

私の住む伊豆高原の施設にも早晩導入されることを期待している。

老人ホームの行事

あちらの生産社会に住んでいたときは行事というものに冷淡だった。物書きの末席を汚《けが》しているのに、市民が心を合わせて行う人間的な営みに無関心だった。今はそのことを後悔している。何十年と住んでいるのに、町内会の祭りも運動会にも参加したことがない。町内会ばかりではなく、国の行事にだって参加したことはない。考えてみれば非国民この上ない人間である。そのくせ、忘年会や新年会など、酒が呑める催しものにはマメに参加していたのだから我ながらあきれた話だ。

老人ホームに入ってからは日々に仕事に遠ざかっていて、老人ホームが主催する目先の行事には、割に浮き浮きした気持ちで参加している。

老人ホームの主な行事といえば、新年の祝典であり、五月の開設記念祭、秋の文化祭が主たる三大行事である。この大きな行事の間に、小さな行事が散りばめられている。たとえば、初詣出ツアー、花見、夏祭り（盆踊り・花火）、運動会、クリスマス、餅つき大会などである。

私が八年間、欠かさず出席しているのは元旦の式典である。

入居者は改まった服装で参列する。ご婦人の中には和服の人もいる。若い女性職員は振り袖姿、羽織袴の若い男性職員もいる。

開会の挨拶に次いで財団理事長の祝詞（代読）、施設長の祝詞、入居者代表の祝詞、入居者の年男による鏡割、乾杯の音頭（入居者代表）で宴会が始まる。

この八年間、七回参加しているが、七回とも前夜から来ている娘も参加して入居者に溶け込んで酒を酌み交わしている。酒ともなれば私の出番で、私の周囲にはカラオケの仲間その他の仲間が集まってきて、その一角からひときわ談笑の声が響き渡るのである。

桜の下での花見ランチ。左から三人目が著者。

酒は一応呑み放題で、ビール、樽酒、ワインが揃っている。呑めない人のために、ジュースなどのソフトドリンクも用意されている。このパーティーを区切りとして、新たな年の訪れを実感する。

あちらの社会にいるときは、暮れは何となく慌ただしく、年の瀬という感じがしたものだが、老人ホームに入っている身では慌ただしいはずがない。クリスマスのイルミネーションやホール玄関先の門松、施設のホールや食堂に大きな盛り花が飾られ、酒樽が積まれる。その背後に「謹賀新年」「新春」「寿」などの文字が居住者の書家によって大書された紙が張り出される。そのような舞台装置が暮れの二十日が過ぎる頃からできあがってきて、暮れから新年へという思いが日に日に強くなっていく。

考えてみれば、毎年同じ繰り返しなのだが、その繰り返しの中に、一年間を無事に暮らしたという実感がこみ上げてくるのである。毎年、今年も新年が巡ってきたという思いを新たにする。

老人ホームに入居したのは自分の人生の終わりに対しての備えのためである。そういった考えが根底にあるので、新年を迎えるということは今年も無事に年を越したという感慨があちら社会にいるときよりも強いのである。

●開設記念祭

入居八年目を迎えた私は、入居後に三十五周年と四十周年という二つの節目を体験した。そちこちの講演や拙著で「老人ホームを選ぶなら、二十周年以上のところを選びなさい」と述べている。そういう意味では私の入居している伊豆高原の老人ホームは私の提案を軽くクリアしている。なぜ歴史のある老人ホームがいいのかという点については、四十周年について述べている項目で後述する。

偶然のことだが、老人ホームの開設記念日は私の誕生日の翌日に当たっている。偶然とはいえ愉快な因縁である。

式典当日には理事長も参列して祝詞を述べる。式次第には職員の勤続年数の表彰なども含まれている。入居者の祝詞もある。

楽しみな余興も盛りだくさんである。職員の踊り、パフォーマンス、過去にはプロのミュージシャンや真打ちの落語家（居住者のアマチュア落語家の出演の例も）が出演したこともある。ホーム内で結成されているコーラス部の発表会は華麗な定番の出し物である。

記念祭の食事には屋台も出たり、食堂では特別の祝い膳が振る舞われる。もちろん酒は自由に楽しむことができる。

前述のようにあちら社会にいるときには行事に冷淡だった私も、ホーム内ではできるだけ顔を出している。おそらく八年間という長い年月、どの記念祭にも顔を出している。コーラス部の発表を聴き、余興を観る。開設記念日のイベントについては、老人ホームシリーズの拙著二冊にも詳しく紹介している。

●秋の文化祭

十一月の始めに行われる秋の文化祭も盛大に行われる。文化祭にも八年間、毎年参加してきた。文化祭には、老人ホームの入居者の絵画や書道、手芸などが展示される。私は俳句会に所属しており、作品が短冊に記され展示される。

当然のことだが、地方自治体や高校・大学が主催する文化祭と比べると小規模で地味である。プロが知恵を絞ったり、学生が徹夜で準備する文化祭に比して規模も派手さも少ないのは当然である。

飾り付けは係の職員が仕事の合間に行う。老人ホームの入居者はただ、作品を出品するだけである。すなわち、作品を提出することが参加することである。一年間こつこつと書き上げたり作り続けたものを持ち込み展示してもらうのだ。

中には元プロやアーティストもいるが、仕事として創造したものではなく、老人ホームの暮らしの中で、趣味の創作を続けてきた成果を文化祭の日にお披露目するわけである。いうなれば暮らしの中の日々の趣味活動の結果を観てもらうための出品である。

中にはその道を極めた人、玄人はだし、プロ級の作品も展示されるが、老人ホームの中では、あくまでも余技の展示会である。

老人になり、手指が不自由になったのに、それを駆使して感動的な作品を完成させるのであるから大したものである。その作品には隠された価値が内蔵していることになる。

文化祭は老人ホームの大きな行事の一年のしめくくりである。

●その他の行事

老人ホームの行事は、大きな行事の合間に、季節や暮らしの彩りを感じさせる小さな行事が組み込まれている。前述したように、新年の初詣出ツアー、春の花見、夏の盆踊りや、花火、運動会などである。いずれもあちら社会とは違って老人ホーム特有の手作り行事である。文化祭のところでも述べたが、文化祭同様、いずれのイベントも係の職員の手作り行事である。

あちら社会の花見のように、桜の名所に繰り出して、花の下の一角に場所取りをし、車座になって呑めや歌えやの大騒ぎをする花見とは大違いである。

私の暮らしている老人ホームは、食堂のテラスはウッドデッキになっていて、そのデッキにかぶさるように桜の古木が枝を張っている。時期が来ると一斉に花を咲かせる。まさに爛漫という表現がぴったりの咲き方で、空が桃色に染め抜かれる。

その花の下にテーブルを持ち出し、酒や食堂の料理を楽しむ。何年か前には焼き鳥の屋台が出た。花見といっても、老いたるホームの住民が、いにしえの思い出にひたりながら桜を見上げるというつつましい花見である。

夏の盆踊りにしても、あちら社会のやぐらを組んだ大広場の華麗な盆踊りとは違う。参加者は何日か前から、サロンや集会室などの広いスペースで盆踊りの手ほどきを受ける。

実際の盆踊りは、ホール前の小スペースの広場に小さな目印の櫓《やぐら》が組まれる。あちら社会の大櫓のように若者が登って太鼓を叩く晴れがましくもきらびやかな本格的なものではない。棒を何本か組んで広場の中心に据えて目印にする櫓である。ホームの住人たちはその周りを囲んで踊るのである。あちら時代と同じように浴衣を着て踊る人もいる。やはり、この盆踊りも職員の努力による手作り盆踊りといえる。

老人ホームの盆踊り。

　とうもろこしの焦げる匂い、焼きそばのソースの匂いは確かに郷愁をそそる。手作りのミニ盆踊りとはいえ、老人ホームのまぎれもない心暖まる行事である。

　私にとっての盆踊りは、もっぱら見るだけのもので、自分で踊ったのは故郷のころの子供時代だけである。老人ホームでの盆踊りも私は見るだけだが、ホームの住人が踊っているのを見るのは楽しい。あちらに住んでいるときの行きずりの観客という感じではなく、見ることで参加しているという感じがある。八年間、そんな気持ちで接してきた。

老人ホームの夏祭りの中のプログラムの一つである花火大会も恒例の行事だが、各地で催されている本格的花火大会を想像してはならない。これまた、職員の手作り花火大会である。

花火大会というと夜空に五色の花を咲かす炎の競演をイメージするが、老人ホームの花火大会は市販の手花火である。ただ市販の手花火も昔と比べると進化が大きく私の子供時代の花火とはまったく違う。轟音とともに夜空高く舞い上がり、天空でそれなりの花を咲かす。そのたびに老人ホーム入居者は歓声をあげて拍手する。仕掛け花火もそれなりにダイナミックである。職員が店を回って苦心の買い物をしてきたのであろう。時折点火がうまくいかず、職員が慌てたりするのも愛敬で、そのたびに温もりの拍手がわきあがる。

本格的花火大会も、ホーム近くの港などで行われるが、それには里のシャトルバスが出て希望者を運ぶ。

老人ホームの運動会は、あちら社会で体験する体育祭風運動会と比べれば月とスッポンの違いがある。二百メートルトラックや緑の芝生に万国旗はためく本格的運動会とは比較できない。運動会は、老人ホーム敷地内にある庭園広場で行われる。入居一年目、二年目には私もパン食い競争に出場した。私が運動会に参加したのは高等学校までで、以後はどこに住んでも、もっぱら傍観者である。娘の幼稚園で保護者として参加したのが大人になっての唯一の運動会である。七十祭過ぎて老人ホームで運動会に参加しようとは考えもしなかった。何をやっても不器用な私は、パン食い競争も無様な結果であったが、老人ホームの運動会は惨めになることもない。参加賞の缶ビールをもらってご満悦である。

運動会のパン食い競争。

運動会が終わると、老人ホームの行事も一通り終わる。やがて老人ホームの敷地内を秋風が吹きすぎてゆく。間もなく、ホールにはクリスマスツリーが飾られイルミネーションが点滅する。その頃から、新年の準備に職員は慌ただしい日を送るのである。

晩酌会の楽しみ

月に一度くらいの割合で晩酌会が開催される。「開催」などという改まった呼び方はそぐわない。夕食時に酒の販売が行われるだけのことである。食堂のメニューの選択食に酒肴を考慮したものが出るのがそれらしいムードを醸し出しているというえる。酒はもちろん持ち込み自由で、IさんやODさんは銘酒の四合瓶持参でやってくる。思いがけず、銘酒のおすそ分けにあずかることになる。

晩酌会のメンバーはカラオケ同好会の会員が中心になって構成されている。

食堂の奥の一角が私のグループの集まる場所である。その場所を確保するために、Oくんが五時前にかけつける。他でも場所取りのグループがいて、五時前に場所を確保しないといい場所に座れないのである。Oくんは五時前に出向いて、四人掛けのテーブルを合わせて場所を作る。花見の場所取りならぬ、晩酌会の場所取りというわけだ。私たちのグループは全員揃うと約十人である。

ふだん、みんなが揃って談笑することはない。カラオケのときも、それぞれ思い思いの定位置に座ってカラオケをうたう。人がうたっているときはエチケット上、私語は慎まなければならない。そういうわけで、みんなとわいわいがやがやお話ができるのは晩酌会のときぐらいなものである。酒の呑めない人もいるが、呑まない人は食事しながら会話の輪に入ってくる。ふだん話せないことを思う存分語り合うことができるのが、晩酌会のいいところである。アルコールによって理性のタガがゆるんで、ふだん口にしないことも口をついて出る。しかしさすがに老人ホームは人生の達人揃いで、言ってはならないことや相手を傷つけるようなことは話題にしない。和気あいあいの時間が過ぎてゆく。

晩酌会のひとととき。右から二人目が著者。

この八年、カラオケクラブも長老が引退したり亡くなられたりして、八十五歳の私は二番目の年長者になってしまった。私より三つ年上のTさんは、コーラス部の男性ボーカルの現役にしてカラオケの現役でもある。しかし晩酌会にはこの二年ほど欠席している。

このTさんは、老人ホームの入居は十年以上になり、歩くことを趣味にしている人だった。カラオケスナックまで歩いて往復していたのが、この一年は行きも帰りも車を使うようになった。ただ歌だけは私のド演歌と違ってTさんは、いまだに若者好みのハイカラな歌をうたう。Tさんのカラオケ引退はまだまだ先のことだが、Tさんがリタイアすると私が長老ということになる。栄えあれ、カラオケクラブ、楽しき晩酌会よ!

老人ホームの人間関係

老人ホームだからといって特別な人間関係が存在するというわけではない。人が集団で居住する場所には、どこに住んでも人間のきずなは生まれ、それによって対人関係の配慮というものが必要になってくる。

ただ、あちら社会に生活していたときは、隣人との関係性は希薄だったように思う。都会などでは隣に暮らしている人が、どんな生活をしているか無関心だということが指摘されている。同じマンションに住む隣人の職業はおろか、プライベートについては一切知らずに、隣人が孤独死をしているのに十日も半月も気がつかずに過ごしていたという例も決して珍しくない。

私の場合も、五十年ほど前の東京調布の住宅に住んでいた当時、会社を辞めて物書きの暮らしに入ったのだが、昼間は家に閉じこもっていて、夜になると出かけていって、出かければ決まって深夜の帰宅というパターンであった。住んでいたのは、二十戸の市営住宅なのに、私のことを夜の商売の人と思っていた人もいた。夜の商売にしてはアカ抜けない人だと噂をしていたらしい。いずれにしても都会の暮らしは、多かれ少なかれ隣人に対しては無関心なのである。

若いときは下町の江東区や江戸川区に住んだことがあるが、下町は人情細やかで、隣人に冷淡ということはなかった。しかしそれは六十年近くも昔のことで、おそらく現代では、下町の人情物語もずいぶんと様相が変わっているに違いない。

調布の次に神奈川県の相模原市に引っ越した。そのときは町内会の挨拶回りをしたときに物書きであることを事前に話しておいたが、無名の作家では、人の関心を呼ぶということもなかったと思う。町内会の会費を納めて、祭りのときには求めに応じていくばくかの寄付をして人並みの付き合いをした。住宅地の朝の草取りには妻が参加していた。町内会の早朝の草取りの真最中に、朝帰りのタクシーを乗りつけて汗顔したことがある。

老人ホームに引っ越すとき、越してきたときの挨拶と同じように、一軒一軒、別れの挨拶をした。隣家の主人が「夜中に手洗いに起きると、窓に明かりが灯っていてお仕事がしている姿が見えました。これからはあの窓には明かりが灯らないのですね」といわれたときは、一抹の別れの感傷がうずくのを感じた。

考えてみると、隣人と何の交流もないまま別れの日を迎えたことになる。私の場合は特別なのかもしれないが、人間の温もりを分かち合うこともなく何年もの間暮らしてきたことに今更ながら慚愧《ざんき》の念を覚えた。

なぜかというと、私の場合、仕事中心に人間関係が組まれていたためである。遊びも酒の相手も仕事の関係者が八割であった。地元の人と交流する時間がなかったのである。今更そのことを悔いても始まらない。

老人ホームに入ってからの人間関係は今までとはまるで違う。もちろん、先祖代々から繋がってきた地縁者ではない。幼なじみや学友とも違う。老人ホームは、同じ老人という立場の人たちのコミュニティである。終末というゴールが目前に迫っている人たちが身を寄せて暮らしている場所である。

唐突な言い方になるが、人間とはしょせん孤独なものである。老人ホームというのはお互いに孤独な者同士が慰め合い、理解し合う場所だということである。そのような立場が前提にあって人と人のきずなが生まれるのである。老人ホームの住人は、隣人にいたわられ、隣人をいたわるという立場に立っているのである。

老人ホームの繋がりには打算も上下もない。あるのは年の差だけである。学歴、財力、出自など人間の格差となるものは一切無関係である。これほど平等な社会はない。

ただ人間である限り、神のように生きるということはできない。人間に対して好き嫌いもあれば、価値観の違い、生理的に受け入れられない相手ということもある。これはいかんともしがたい。しかし、老人はある意味で人生の達人である。受け入れがたい相手でも、あからさまな拒否の態度はとったりしない。

私は軽薄で自己中心的なところがあり、私を嫌いだという人も何人かはいる。突然、挨拶をしなくなる人もいる。これは淋しく悲しいことだが、我が身の不徳のいたすところで仕方がない。そういう場合も私は相手を許すことにしている。自分のいかなる態度が、相手の不興を買ったのか、情けない話だが自分では理解できない。そういう場合は、こちらは極力相手に対して対抗的態度を取らず淡々と接することだ。

人に嫌われるのには何らかの理由がある。しかしその理由が本人にはわからない。これほど淋しいことはない。その場合、逆恨みでうっぷんを晴らすのではなく、相手を許すことで自己の淋しさを溶解することである。仏でもない人間にそんなことができるかと思われる方もいるかもしれないが、人生の苦労をくぐり抜けてきた老人ならできる。人生の苦難を苦難と思わずに年をとった人は、それなりにすばらしい資質を持っているのだから、きっとそういう人は人に嫌われたりはしないであろう。

老人ホームは特殊なコミュニティであるが、老人も人間であるから、仏の集団というわけにはいかない。優しい人、冷たい人、依怙地《いこじ》な人、おしゃべりな人、意地悪な人、お人好し、陰険な人、嫉妬深い人……とさまざまである。その多様な人間群像もみな年寄りなのだから、愛しくもかなしくもあるのだ。

平成から令和へ

今まで、私は、明治、大正、昭和を生きた多くの先輩たちを激動の時代を生きた人として尊敬の念を覚えて生きてきた。

かくいう私は、父（明治生まれ）が早世し、大正生まれの母と明治生まれの祖母に育てられた。私は昭和十年生まれで、明治十年生まれの祖母と同じ十年の生まれであることに不思議な感じを抱いたことがある。

十年というのは微妙な年である。幼いときには考えてもみなかったが、後年、明治十年は西南戦争の年で、その年に祖母が生まれたのかといささかの感慨を覚えた。

薩摩の西郷さんが城山で自刃して死んだ年に祖母が生まれたのである。祖母は娘時代、西郷さんと共に勤皇倒幕に加わった水沢の蘭学医、高野長栄の孫の子守をしたことがあるという。祖母の昔語りで聞いた話だ。維新、日清戦争、日露戦争など、明治は確かに激動の年だった。

降る雪や明治は遠くなりにけり　中村草田男

この名句は昭和六年に発表されている。昭和六年というのは、日本の軍国主義が台頭してきた時期で、穿《うが》っていえば明治維新の夜明けの混沌に似ていないこともない。しかし、維新の混沌は黎明を内包していた。それに対して、昭和初頭の混沌は、暗黒の時代へ傾斜していく社会的混乱の萌芽でもあった。この時期明治を振り返れば「ああ明治は遠い昔になってしまったなあ」という感を抱くのは自然の話だったのかもしれない。

私はそれから四年後の昭和十年に生まれた。私の生まれた年は、日本社会が戦争に傾斜し始めた時期で、世の中は軍需景気に沸いていた。翌年は若き将校たちの手によって2・26事件が起こされた。翌々年の十二年には北京西方の蘆溝橋での軍事衝突が発端で中国と本格的な戦争に突入した。そして、昭和十六年、真珠湾の奇襲を境に日本は世界相手に全面戦争に突入した。歴史は動乱の昭和へと怒濤の如く流されていった。……とはいうものの、その頃、私は物心ついていない。

戦時中、私は岩手県の小さな町（現奥州市）に住んでいて、戦争の凄惨さも悲惨さも実感として記憶していない。

戦火たけなわの頃、小さな北国の町に焼夷弾一個が落とされて大きな音とともに田圃に大きな穴が開いた。私は子供心に怖い物見たさでガキ大将の後にしたがって爆心地を見にいった。その頃から東北の地にも連日の空襲があり、夜中に祖母に起こされ、リュックを背負って我が家の裏の空地に作られた防空壕に駆け込んだ。防空壕に入ると、近所のおばさんたちからおやつやおにぎりが振る舞われて、子供の浅はかな知恵で空襲も悪くないなと内心思ったりした。

ある昼間、銀翼を光らせて編隊を組んで大空を行くB29があまりに美しく、歓声を上げて見惚れていた私は、近所のおじさんに「この非国民め！　早く壕に入れっ」とどなりつけられた。思うに、私は幼いときから、非国民的性向があったのかもしれない。岩手の田舎といえど、戦争中は食料難で教室に弁当泥棒が出没した。ある日その現場を目撃したが、犯人は幼なじみで、子供心に何とも、もの悲しい複雑な思いがした。

小学校高学年になると、松根油《しょうこんゆ》掘りに狩り出された。松の根を煮詰めて油を採り、戦闘機を飛ばすのだという。子供の知恵でも松の油で飛行機が飛ぶとはとても信じられなかった。学校では教科書を墨で塗り潰した。敵に見られて都合が悪いところを消すのだという。子供心にも、ここまで来れば日本も危ないのではないかと漠然と恐怖を感じたが、その恐怖は切実ではなかった。八月十五日、岩手県の県南部はよく晴れた日だった。表通りにたむろしていた悪ガキたちは、したり顔したガキ大将の話に耳を傾けていた。

「日本は戦争に負けるかもしれない。負けると、女や子供は捕まって食われてしまう。それが嫌なら、竹槍で戦うしかない」

ひとたび爆弾が落ちると、六十年間は草木も生えないという新型爆弾が広島、長崎に落とされたというのに、竹槍で立ち向かったところで敵《かな》うはずはない。私は子供心に冷ややかな気持ちでガキ大将の話を聞いていた。

昼になって家に帰ると母と祖母が天皇陛下の玉音放送を聞いて涙を流していた。母と祖母の涙を目にして、これは大変なことになったなと思いながら、私は浮かない気持ちで釣ざおを担いで裏の川に向かった。どういうわけか魚はよく釣れた。私は、大漁に気をよくして大きな声で軍歌をうたった。あのときの半分やけくそで怒鳴った軍歌のことを鮮明に覚えている。後年、終戦の日というテーマで幾つかの雑誌にこの日のことを書いた。

それからいく歳月、思い出すのも、ましてや語ることは絶対に嫌な青春の挫折、苦悩の日々をくぐり抜けて平成を迎えた。昭和天皇崩御によって、寒々とした新年に娘が成人を迎えた。娘の振り袖姿が痛々しく感じられたことを思い出す。私も娘も昭和、平成、令和の三代を生きた。確かに「昭和は遠くなりにけり」である。特に昭和の御代は六十四年と長かった。平成も三十一年である。

私は平成時代に老人ホームに入居して、老人ホームで令和を迎えた。老人ホームで平成最後の年の日記を刊行した。「83歳・平成最後の日記」である。節目の年の最後を老人ホームで迎えたというのも一つの因縁である。もちろん次の御代まで生きることは絶対ありえない。しかし、令和の御代に本書のような記念すべき拙著が刊行できたことを何よりうれしく思う。

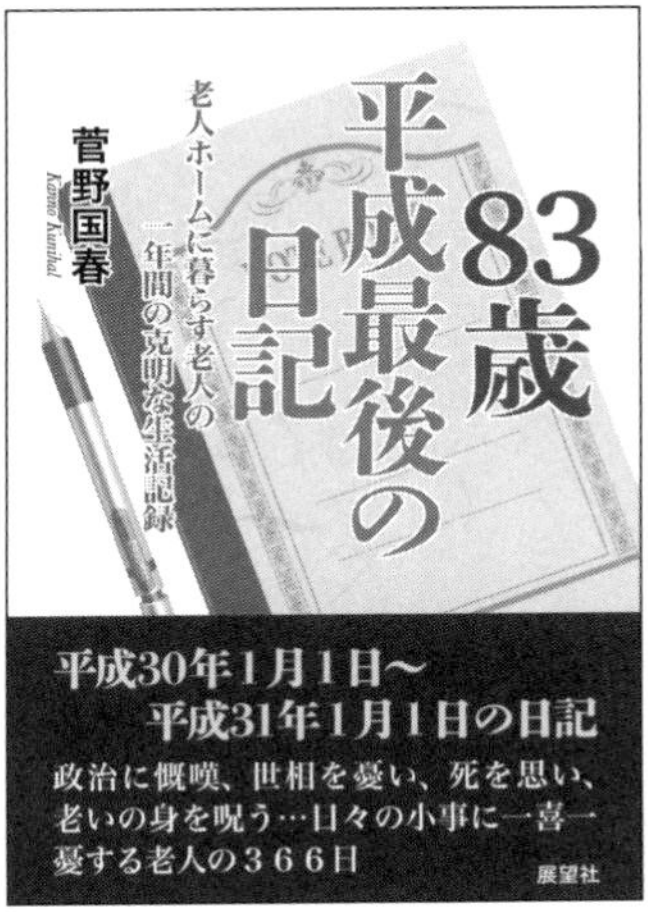
83歳
平成最後の日記
老人ホームに暮らす老人の一年間の克明な生活記録
菅野国春
Kanno Kuniharu
平成30年1月1日～
平成31年1月1日の日記
政治に慨嘆、世相を憂い、死を思い、老いの身を呪う…日々の小事に一喜一憂する老人の３６６日
展望社
筆者の著書「83 歳・平成最後の日記」

第二章

八年間暮らしてわかったこと

―改めて問う「老人ホームとは何か」―

「生老病死」の真理

「生老病死」は仏教の教えである。宗教的教えは信徒にとって何物にも替えがたい生きる指針である。私の家は先祖代々仏教徒であるが、私自身、仏教徒という自覚で暮らしたことはない。私の父方母方ともに仏教徒で、両親共に仏教の葬式によって葬られている。私も死ねば、仏教のしきたりで葬式されるに違いない。

雑文作家である私は、宗教に関する記事や書籍をいくつか書いてきた。私が書いた小説の中にも宗教を題材にした物が二冊ほどある。私は宗教に関しては、野次馬的知識は人並み以上にあるのだが、八十五歳の今なお、信仰に生きようと思っているわけではない。

しかし、仏教の教えの奥深さには、今更ながらの感慨だが、年老いるごとに啓発される。「生老病死」は「阿含経」の中にある言葉で、人間の生まれながらに背負っている苦悩は四苦八苦であり、その中の四苦が「生老病死」だと説かれている。すなわち「生まれること、老いること、病になること、死ななければならないこと」は人間の四大苦だというのである。私たち人間は、必ず老い、病み死ぬものとしてこの世に生まれてくるのである。「生老病死」の教えについては二十代で接する人はほとんどであろう。日常生活の中でも大変な苦労をすることを「四苦八苦だね」などと語っている。

私もこの年に老いるまで「四苦八苦」をことわざ的熟語として慣れ親しんできた。まことに愚かなことだが、若いときは、この四文字に人生の深遠が含まれていることを自覚したことはなかった。

八十歳過ぎた頃から「生老病死」の真理を切実に実感するようになった。まさに老いの真っ只中に入ったときに、自分の力ではいかんともしがたい悲痛な宿命を実感したのである。人間が老いなければならないのは罰ではない。私は、若いときの放蕩の罰によって老いたわけではない。愚かな人生を歩んだために老いを与えられたというわけでもない。やみくもに生きてきた結末として老いが待っていたのである。すなわち老いは人間である限り避けることのできない宿命である。

あらゆる劣化は生きとし生けるものの当然の結果である。愚かなる者の遅きに失した開眼で、まことに恥ずかしい限りである。今更ながらであるが、生きるということは老いることだったのかと痛感させられたのである。

老いてくれば容姿が醜くなるのは当然である。ふさふさとした黒髪、すべすべした肌、たくましい筋肉、白い歯並び、澄み切った瞳、躍動する生命、全てが劣化していく。それも大きな悲しみだが、それ以上につらいのは肉体の機能が日々に衰えていくことだ。若いときに当然のごとくできていたことができなくなってしまう。やることなすことのろまになる。目も見えなくなり耳も聞こえなくなる。歯も抜け落ちてくる。科学万能の時代なのに自分の力で劣化を食い止めることはできない。足はよぼよぼする。些細なものにつまずき、ときには無様に転んだりする。背が丸くなり、腰が曲がってくる。

脳の劣化によって思考力も記憶力も低下する。感情のコントロールさえままならなくなってくる。老いることで本来の人格さえ変容しかねない。そんな現実に恐怖さえ感じる。改めて生老病死の真理に愕然とした。

そして病気になる。どんな頑健な人でも病まないわけにはいかない。まれに病を知らない人がいるようだが、そんな人はおそらく何億という人間の中の数人に過ぎないだろう。八十五年の生涯の中で、私は病まない人に出会ったことはない。年老いていくにしたがって病気にかかりやすくなる。何しろ免疫力も自然治癒力も低下してくるのだから当然である。ある意味で老いと病はセットになっている。

人間は生まれ、老い、かつ病み、そして死ぬために人生を生きてきたのだということを計り知れない苦悩の中で実感させられる。聡明な人間は若いときにその真理に目覚めるかもしれない。そして繊細な神経はその真理の重さに耐えきれず、自殺の道を選んだという例もあるかもしれない。私のような凡庸な人間は老いてその真理に開眼し、絶望の中で我が終末を見据えることになるのである。

老人ホームの必要性

残酷な老いを私たちは素直に認めなければならない。認めるということは老いの現実を静かな気持ちで肯定することである。言い換えるなら、才能も美貌も、全てが枯渇していく厳しい現実を受け入れることである。自分はまだまだやれるという自惚れは早い時期に捨てたほうがいい。老いの現実は容赦がない。

私は七十七歳のときに老人ホームに入居したが、あのとき、私は老人ホームに入るのはまだまだ早いと考えていた。しかしそれは愚かな自分への買いかぶりであった。七十七歳ではむしろ遅すぎたと考えるべきであった。

老人はあらゆることに能力を失っていくのだから、生きていくためには、その失われた部分を第三者によって補足してもらわなければならないのである。

私は若いとき、老人が混んだ電車に乗り込んでくるのをみて《何でこんな時間に電車なんかに乗るんだよ》と軽い憎しみを感じたものである。そう感じながら、一眠りしたい自分に鞭打って席を譲ったものである。老人は大きな社会貢献を果たし終えて年を重ねてきたのである。若い人は老人に敬意をはらって労《いたわ》らなければならないと思っていた。さらに、人間として弱者を労るのは当然のことと考えていた。

私が若いときに満員電車に乗り込んでくる老人に軽い憎しみを抱いたのは、老人が労られて当然というような人間の情に甘えてくる振る舞いのように思えたのだ。

私は、初めて乗り物で席を譲られたのは六十二歳のときであるが、そのとき自分はまだまだ若いと思っていたのに、他人の目から見れば年寄りに見えるのだと思ってショックを受けたことがある。それからというもの、座席が空いていない時はドアのところに立ってなるべく若い人に気を使わせないようにした。

またできるだけ混んだ時刻に電車に乗らないように心がけた。昔、自分が老人に感じた憎しみを若い人に感じさせないためである。老人は老い、衰えて、社会にとって無用の存在になってしまったのである。この思いを抱くのは、私の場合、卑下でもなければ遠慮でもない。また同情を買いたいという思いもない。前述のように人生の真理として老人になったのである。だからといって無用の存在をことさら嘆いているわけでもない。いうならば、仕方がないことだというあきらめである。

老人は一人で満足に生きていけない。他人の手を借りて何とか生きていけるのである。年老いれば、老人ホームのような場所に身を寄せるしかないのである。

昔は老人ホームというような場所はなかった。老人を支えたのは家族であった。老人は納戸と呼ばれるような暗い部屋に寝かされ、子供や子供の嫁、孫などに食や下《しも》の世話を受けて、ある日あの世に旅立つのである。

年寄りも元気なうちは孫の子守をしたり、食事を作ったりして家族に奉仕し、やがて、無用の存在になったら、暗い部屋に横たわるのである。悲劇でも残酷でもなく、人間の終末の当然の営みとして何百年もくり返されてきた姿であった。

老いてしまえば他人の手によって支えてもらわなければならない。その役割を果たすのはかつては家族だった。しかし、この半世紀、日本では核家族化が急増した。年寄りが家族の中からはみ出していくのは当然の現象のようになった。

年々歳々、年老いてからの我が身の始末は年寄り自身で考えることを余儀なくされている。考えてみれば、これはしごく当然の話である。

老いた親と子供がある日決別するのは本来自然の成り行きと考えられる。私はいつも、動物の子別れの風景に考えさせられる。命がけで育て、守り続けた子供なのに、その子が成長した暁には、自分のエリアから追い出してしまう動物の親の姿に感動する。自然の掟とはいえ、厳しいものだと考えさせられる。

もちろん動物の巣立ちは本能のなせる姿で、動物の親に子別れの哲学があるわけではない。しかし本来、子育てというものはそういうものであるはずだ。子供を生み育てるということは崇高な人間の営みであり、育てて教育してやったから、将来は自分の老後をよろしく頼むという取引ではない。子供が成長した後は親の勤めは果たし終えたのである。そのことと、自分の老後の決着は別の話である。

だれにも平等に訪れる老いによって、心身の機能の劣化と欠落が訪れたとき、その生活の不備は、第三者の手によって補ってもらわなければならない。その役目を引き受けてくれるのは、家族以外の介護のプロといえば老人ホームである。老いることを冷静に見つめ、受け止め、老いの身の足らざるをプロに補ってもらうということが老人ホームの入居の大きな理由である。

子供に迷惑をかけない終末

老人ホームに入った人に入居の理由を訊くと、多くの人が子供に迷惑をかけたくないからと答える。子供に迷惑をかけたくないという考え方は、この四、五十年の間に増えた考え方である。

昔は、前述のように、年寄りの面倒は家族がみるのは当然と考えていた。しかし、核家族の考えが主流を占めるようになってから、老いた親の世話を子供がみなければならないという考え方に少しずつ変化がみられるようになった。

しかし老人の中には、自分の長年暮らした家で終末を迎えたいと考える人もいる。子供や孫と別れたくないと考える人もいる。こういう考え方を持っている人は、子や孫に対する愛着から、結果的に家族の手を煩わせることになる。

子供に迷惑をかけたくないと考える人の多数は、舅姑、あるいは実父や実母の介護の経験から、あの苦労を子供に味合わせたくないという人である。

人それぞれに思いや事情は違うが、老人ホームに入るか、あるいは家庭に残るかの選択で悩む人は結構多い。そのような人は折衷案として二所帯住宅を考える。同じ家の中に子供家族と老人が住み分けるという形式である。七、八割は別々の生活を維持するが、二、三割のところで同一家族として暮らすということである。

一般的な形としては、玄関も炊事場も異なるが、風呂だけが一緒という形である。あるいは、風呂も別々という完全なる二所帯住宅もある。廊下の一カ所が行き来できるような出入り口となっている。緊急のときにはその、往来のできる出入り口から一方の家族が駆けつけるというわけだ。多くの場合は、年寄りの身に何かあったとき、若い家族が駆けつけて世話をするということだ。ただ、年寄りも元気なうちは二所帯住宅も悪くはないが、寝込んでしまうと、一から十まで世話を受けなければならないから、二所帯住宅といえど最終的には家族の手を煩わせることになる。根本的なところでは、終末期を迎えたときは、二所帯住宅も老父母同居の形式と大きく変わるものではない。

拙著の読者で、二所帯住居の体験者から時々相談を受ける。「寝込んでしまったら途端に施設に入れられてしまった。約束が違う」「元気なときは、孫の子守、保育園の送迎、炊事の手伝いとこき使われて、寝込んでしまったら途端に邪険に扱われた」「仏のような嫁だと思っていたら、とんでもない鬼嫁だった」など、相談というより、愚痴を聞かされる。もちろん二所帯住宅で、円満にして理想的な終末を迎えられた人もたくさんいるわけだが、最終的には家族の手を借りなければならなくなるという点では、二所帯住宅でも家族に迷惑をかけることは避けられない。

私たち夫婦の場合は、娘が一人いるが、最初から娘に私たちの終末の苦労をかけるつもりはなかった。私たち夫婦には、娘の人生を親がかき乱したりねじ曲げてはいけないという考え方が根底にあった。

実際の話、私は若いときは刹那的破滅的生活を送っていたので、深く老後のことや終末のことを考えたことはなかった。そんな亭主と結婚したことを不運に思った妻が、夫の安い原稿料をやり繰りして老人ホームの資金を捻出したのである。子供に迷惑をかけたくないと思ったら、老後の始末を自分でつけられる資力を持っていなければならない。私の場合は並外れた妻の才覚によって可能となった。

終末を子供に迷惑をかけないということは、当然ながら子供は親の遺産をあてにしてはいけないということでもある。親が不自由なく老後が送れた後、亡くなり、その結果として残された資産が遺産となるのである。

昔は親の面倒は子供がみるというのは、家督制度という世の中の仕組みも関係していた。親は、先祖伝来の土地を子に引き継いで死んでいくので、家を継ぐ長男（家督）が、老いた親の面倒をみることと引換に親の遺産を引き継いだのである。今は先祖伝来の「家を継ぐ」という風習が無くなったので、親の老後に対する考え方にも変化がある。現在では、親の老後をみとるのは親子の愛情が主たる要因である。育ててくれた親に対する当然の恩返しと親子の強い愛情が介護の理由である。それに対して、子供に迷惑をかけたくないという思いは、子供の愛情に甘えたくないというこれまた、一つの親心でもある。

親子の愛情を傷つけることなく、自分の終末を子供に頼らずに始末したいという人にとって、老人ホームは頼りになる終の住処《すみか》といえる。

自立型老人ホームの長所

少し前までは「老人ホーム」というと、年寄りが現役を引退して、現実生活から脱落して入るところと考えられていた。いうならば、老人ホームは現代の「姥《うば》捨て山」という感じで受け止められていた。四、五十年前に「自立型老人ホーム」が開設されるに及んで老人ホームのイメージは一新した。

私は雑誌の記者として、約五十年前、中銀マンションの創始者である渡辺酉造氏にインタビューした。渡辺氏は当時、老人の住居についてヨーロッパを視察して帰国したばかりであった。その後、渡辺氏はヨーロッパ視察の経験を土台にして、熱海に老人専用のマンションを建設して脚光を浴びた。

私は渡辺氏にインタビューしたのは三十代の半ばで、老いるということを特別な意識で受け止めていなかった。ただ老人になれば、特別の仕様の住所は必要になるであろうということは理解できた。

あまりに古い話なので、当時抱いた感慨は思い出せないが、年寄りになるといろいろ辛い生活を送らなければならないことについては他人事《ひとごと》の感慨しか抱かなかった。ただ、老人は老人としての生き方を模索する時代が到来したことを新しい時代の幕開きのような感じとして受け止めた。要するに、老人は暗い一室で家族の世話を受けて生涯を閉じるという古い時代からの脱却を果たしたという意味である。老人の意識の変革ということだ。

中銀マンションが展開した老人専用マンションは、基本的には通常のマンション売買の形式と変わるものではない。老人が自立して暮らすのに、暮らしやすい住居空間とシステムを提供するというマンションである。

たとえば、バリアフリーとか、食事の提供、大浴場の設置など、老人が生活しやすいように配慮されたマンションである。しかし、最後の最後に、自分の力で暮らしていけなくなったときには、そのマンションでは生活ができなくなってしまうのが欠点だとそのときに感じた。

自立型老人ホームというのは、老人マンションについて私が欠点だと感じた部分を補って、元気なうちに入居して、動けなくなったら介護を受けて生涯を閉じるという形式の老人ホームとして誕生したのである。私の入居している老人ホームは、昨年（一九九九年）に四十周年を迎えた。私が中銀の渡辺社長をインタビューしたやや後に開設したのである。今になって考えると、あの頃、老人ホームに新しい波が押し寄せていたのであろう。

自立型というのは、文字通り自立できるうちに入居して、新しい老後の生き方を構築し、実践し、やがて終末を迎える場所ということである。

自立型老人ホームには、老境期に入った人を見守り、サポートしてくれるプロが常駐していて、安心して憂いなく老いの日々を過ごすことができる場所だということである。

全ての人は、何時の日か人の手を借りなければ生活していけなくなる日が訪れるわけである。それまでの老いの日々を人間としての尊厳を保ちながら、人生を再構築してみようというのが自立型老人ホームの目的である。

自立型老人ホームというのは、生産社会と切り離された場所で、老いの日々を豊かに生きてみようという場所である。

実際の話として、生活の場が老いも若きも一つのエリアということには無理がある。確かに人間には優しさがあるから、弱者も暮らしやすい社会つくろうと努力している。年寄りに温かい手を差し延べようとしていることは理解できる。しかしその配慮には限界がある。生産社会が弱者（年寄り）のテンポに合わせて回っているはずがない。あくまでも生産社会は生産者に都合よくできているのである。

自立型老人ホームの存在意義は、年寄りだけのコミュニティということである。老いという共通の苦悩を抱えた人たちで集落をつくり、残された日々を心置き無く生きてみようということである。自立型老人ホームに入居することで、生活全般を見守りのプロに見守ってもらい、安心と安全の場所にいて終末までの貴重な時間を誰にも気がねせずに人間らしく生きてみようということである。

自立型老人ホームのコミュニティは、老人という特性に合わせて健康ファーストのライフスタイルを組み立てている。

意外にかからない生活費

自立型老人ホームは通常「有料老人ホーム」と呼ばれている。どの老人ホームも費用がかかるのに、自立型老人ホームが、わざわざ有料老人ホームと呼んでいるのはおかしいとおもう。自立型の老人ホームはほとんどが民間の企業や団体が運営しており、入居の費用を納得の上、入居者が支払うというところから有料と名づけられているのかもしれない。

入居料は千差万別である。その価格が妥当かどうかは入居者の知恵とセンスで判断しなければならない。読者からの質問、あるいは講演などで私が述べるのは安物買いの銭失いにならないようにしなければならないということである。

確かに、入居者が満足する居住空間や提供するサービスは目に見えないコストがかかる。それに、サービスを受ける側の感じ方や満足度にも個人差がある。私が自分の考えで妥当な価格を提示することはできない。

狭い部屋で、通り一遍のサービスしか受けていないのに、満足という人もいれば、至れり尽くせりのサービスを受けているのに、不平たらたらという人もいる。入居料の判断は本人の知恵とセンスというのはそのためである。

私の入居している老人ホームも、決して安価とはいえないが、ある程度のクォリティを維持していくためには妥当な金額なのだろうと納得している。

私は三十代半ばで会社勤めを辞めて、フリーの物書きになったので、年金は通常のサラリーマンより少ない。受け取る額は厚生年金の人と、国民年金の人の中間ぐらいの金額である。ただ家内も三十半ばまで教師をしていたので、私と同程度の年金の支給があり、夫婦の年金を合算すると、通常の年金受給者とほぼ同額の年金になる。

今さらながらだが、年金制度はありがたい。老人ホームの運営者側も通常の年金で生活ができるように経済面の配慮をして、必要経費を組み立てている。

私の入居している老人ホームは、管理費、食事代、光熱費、水道料、電話代込みで、一人暮らし月額約十三万円、夫婦二人暮しで約二十二万円という数字を提示している。もちろんこの場合の数字は、三食全てを老人ホームが提供する食事を食べたとしての数字である。私の八年間の経験からいって、この数字には大きな誤差はない。この他にかかる費用としては、新聞購読料、ＮＨＫの視聴料、衣類、おやつ、交通費、小遣いなどで不時の出費としては医療費、冠婚葬祭の弔問費や祝い金等である。しかしこれらの費用は老人ホームの入居にかかわらず必要な経費である。むしろ、老人ホームに入ったら経費が節約できるものもある。たとえば、主な新聞雑誌は売店や食堂の談話コーナーに揃えられている。ちなみに朝日新聞、伊豆新聞、スポーツ新聞、文芸春秋、週刊文春、週刊新潮などである。散歩がてらに立ち寄って新聞雑誌に目を通せば、あえて自分で購読料を払わなくても読むことができる。冠婚葬祭の費用にしても、この年になってくると、年々歳々招かれることも少なくなってくるし、したがって費用の出費も激減する。

私の場合は、酒場通いなど、遊びの費用がかからなくなった。遊蕩の費用がゼロになったので小遣いの使い道がない。淋しい限りだが、これも老いのたどる一つの道筋とあきらめている。入居者の中には「年金だけで貯金ができている」と語る人もいる。

（※本稿で表示した数字は令和二年六月現在のものである）

新しい人生を生きる

老いの自覚にうながされ、生産社会に決別して老人ホームに人生最後の居場所を見つけたということは、ある意味での老後の人生の意志的な選択ということができる。

人生いろいろであり、老いの生き方も人それぞれのものである。人によっては、あえて目標など求めずに、時間に流され、自由気まま、なるようになるさの無為無策の生涯を送るという生き方もある。しかし考えようによっては、そのような芸のない生き方ならあえて老人ホームに入らなくてもいいような気もする。

もちろん老人ホームに入る一番大きな理由は老いの身をサポートしてもらいたいという思いである。老人ホームに入るのにそれ以外の理由は必要ないという考えの人もいる。しかし、自立型の大きな特色は元気なうちに入居するという点である。元気なうちに老人ホームに入って、老いの日々をエンジョイし、人生の終わりを悔いなく満喫して人生の終わりを迎えるというのが、自立型老人ホームの存在理由である。

入居年齢も六十五歳からとなっている。私が入居した八年前は六十歳からであった。入居の年齢が五歳引き上げられたのは社会的趨勢に準じたためであろう。人生百年時代、六十歳はまだ若いということである。六十五歳定年は今や社会の流れとなっている。

私の場合は七十七歳で入居したが、私は定年のない自由業であって、入居前と入居後の自分の仕事には明確な区別というものはなかった。工場もオフィスも要らないのだから、定年は自分で仕事を辞めたいと宣言したときが定年である。

入居するにあたって、仕事を減らしたり打ち切りにしたお得意さんも幾つかあった。しかし、たとえあのまま老人ホームに入らずに仕事を続けていても、早晩、仕事がなくなったに違いないとおもう。

私の場合、老人ホームに入って、現役の仕事に区切りをつけたために、新しい仕事の分野が開けたといえるかもしれない。老人ホームに入居したことで、老人ホームの体験記やガイドブックの執筆ができたのである。

老人ホームに入って八年間の間に小説が二冊、日記が一冊、老人ホームの体験記風読み物二冊、老人ホームのガイドブック一冊、俳句の入門書二冊、句集一冊を刊行している。

その他に、老人ホーム関係の講演七回、人生論風講演二回、俳句に関する講演一回を行っている。おそらく、老人ホームに入らなければ、二冊の小説以外の仕事はできなかったのではないかと考えられる。

老人ホームの体験記の評判が割によくて、その評判をよいことに微妙に関連して俳句の入門書や日記の刊行の仕事が回ってきたような気がする。もし老人ホームに入らなければ、従来の仕事の流れで、他人の書籍のゴーストライターや実用書の執筆など煩雑な仕事を受けていたに違いない。それらの仕事に追われて、とても前述のような執筆をこなすことはできなかっただろう。私にとっての老人ホームの入居は、老いてなお執筆の仕事や講演活動ができるテーマと環境と時間を与えられたことになる。

私の場合は、物書きという特殊な仕事のために、老人ホームの入居がラッキーなことに創作活動にリンクしたわけである。しかし、私のような物書きでなくとも、老人ホームの折々の生活の中で新しい生き方を模索することをぜひ考えていただきたい。

ところで、老人ホームでの新しい生き方とは何であろうか？

それこそ、求めるものは一人一人違うはずだ。趣味に生きたいために老人ホームに入ったという人もいる。仕事の現役の頃は、接待ゴルフで真から楽しめなかった。老人ホームに入った今こそ、思う存分ゴルフを楽しむのだという理由で入居した人もいる。

若いときには繁雑な生活を強いられ、読みたい本も読めない生活だったことを何時も悔やんでいたが、老人ホームに入居して思う存分読書三昧にひたっているという人もいる。手当たりしだい、活字に飢えている人のように、古典、現代、娯楽、純文学と貪り読んでいる。

中には旅まみれの人もいる。日本、世界と資力の続くかぎり隅々まで踏破したいと考えている人もいる。また、中にはひそかにライフワークの地味な研究に取り組んでいる人もいる。生きているうちに研究が完成しなければ、その研究を引き継いでくれる人に、幾ばくかの遺産とともに託したいと考えている。

死ぬまでに先祖の足跡と自分の生き様を自分史として書き上げたいと考えている人もいる。私に文章の相談をしながら、何年にも渡ってこつこつと筆を進めている。緻密な調査で老体に鞭打って先祖の足跡の取材も怠らない。

このように老人ホームで新しい生き方を探している人は他にもまだたくさんいる。私の考えは、どんな生き方でもいいから、老人ホームという新しい暮らしに前向きに向かい合うことをすすめたい。できるなら、新しい生き方とは何かということをじっくり考えた上で入居を選択すべきである。単に終末期のワンステップとしての老人ホームではなく、新しい老いの生き方を紡ぐ場所としての老人ホームということである。

終着駅は始発駅——死について

前項とやや矛盾する気もするが、老人ホームに入るということは悔いのない終末を迎えるためのワンステップである。人間に必ず訪れる終末への心構えを日々に新たにするための入居ということである。

老人ホームの良い点は老いたる人のみの集落という点である。人生の栄光も挫折も体験した人たちが、終末の一時期を身を寄せあって暮らす場所である。少なくとも、老人には輝かしい未来はない。あちら社会はより高い未来へ上り詰めようとする意欲や情熱が渦巻いている。あちら社会には後ろ向きの発想は無用である。より上に、より豊かに、よる強く生きることが価値ある生き方である。

老人ホームの住民たちも、かつてはそのような闘争の社会を生きて現在を迎えたのである。人生は、闘争の意欲を永遠に持ち続けることはできない。あちら社会で闘争の意欲を持って社会生活を送った日々は、燃焼の時代といってもいい。そして燃焼の時代の後に訪れるのは、安息と終焉の時代である。老人ホームに入るということは、安息と終焉の時代を迎えたということである。

常識的なことを何度もくり返すのは能がないが、人間は死は避けて通れない、それなのに死を語ることはある意味でタブーである。一般的に、死は恐ろしいもので、忌むべきものと考えているからである。しかし、死について思索を重ねているうちに、死というものは決して恐ろしいものではないことに思い当たる。一つは、死が恐ろしいのは未知の領域だからである。人間にとって死は必ずたどり着く終着駅である。いかに我が旅路を愛していても、いずれは終着駅を迎えないわけにはいかない。

作家の武者小路実篤は人生論の中で「死の恐怖を味わうことは、その人がまだ生きてしなければならない仕事をしていないからだ」と述べている。老人ホームに入った多くの人は、生きてしなければならない仕事を成し終えて入ったのであろう。さもなければ、前項で述べたように新しい老いの生き方のプロセスの中で新しい仕事を成し遂げるために入ってきたのである。

私は若いとき、夜寝る前に、このまま永遠に目が覚めなかったらどうしようと考えて、一瞬恐怖を感じたことがある。何もかも、中途半端な生き方しかしてこなかった私は、目が覚めないで死んでいく突然死は、言い知れぬ恐怖だったのだ。今もときおり就寝時にそんな思いにかられることがある。しかし、今は「このまま目が覚めなかったらピンピンコロリだな」などと考える。死ぬことに恐怖はない。しかし私は、別に立派な仕事を成し終えたから死の恐怖がないというわけではない。ただ、日常的に死と対話していて、これ以上やり残したこともなく、十分に生きたという実感があるためである。

老人ホームに入ったということは、生産社会での戦いから帰還して静かで安穏《あんのん》な日々を送るためである。アメリカの大政治家フランクリンは「死んでしまうまでは完全に生きたとはいえない」と語っている。

老人ホームの住人には勝者も敗者もない。闘争社会から足を洗って、静かな晩年を過ごすために入居したのである。そして私たちは、何時あの世から迎えの使者がきても従容《しょうよう》として導かれる心の準備ができているのである。

もし、まだ準備ができていない人は、今からでも遅くないので準備に取りかかっていただきたい。終着駅にたどり着くまで、しばし窓の外の風景を堪能し、終着のアナウンスがあったときには、忘れ物のないように立ち上がるのだ。まさに、終着駅は始発駅である。

そんな気持ちで終着駅に降り立ちたいものだ。

どこにでもいる自分に合う人合わない人

通常の感覚の持ち主なら、多くの人に好意を持ってもらいたいと考えるのは当然だ。もちろん中には、そのような世俗的な思惑を超越して生きている人もいる。独り孤高をもって生きている人にとって、ひとに好かれようが嫌われようが、そんなことは瑣末的な話なのだ。誰にでも好かれたいなどと考えるのは私が通俗的人間で、アイデンティティの不確かな人間だからかもしれない。

実際に一人の人間が全ての人の好かれることなどありえないのだ。これは心理学的にも生理学的にもいえるのではないかと思う。虫が好くとか虫が好かないという言葉があるように、理屈では割り切れないいないような人間に対する好悪もある。

理屈も何もなく他人に好かれるようなことは歓迎するが、理由もなく嫌われるのは困った話だ。私の入っている老人ホームは四百名足らずの小さな里だが、この中でも親しい人やあまり親しくない人、私を嫌っている人などが混在している。

実際の話として、老人ホームには隣人同士がいがみ合う理由は何一つない。生産社会には、身分の差があったり貧富の差があるので、嫉妬があったり憎しみが生まれたりするのはわからないではない。老人ホームには一切の格差がないのだから、本来、利害による軋轢や他人に対しての妬みや羨望のようなものは生まれるはずはない。それなのに、私はどういうわけか他人に疎まれ嫌われることがある。

無名のくせに、本などを書いていて嫌な奴だと嫌悪する人がいるのは想像がつく。これは著述者は一般人とは違うという社会通念のためであろう。私は自分を文章の職人と考えているので、当然のことながら特別な人間と思っているわけではない。どこにでもいる一般人である。出版社の編集者や仕事関係の人から「せんせい」と呼ばれることがあるが、これは長年呼ばれ続けてきたので私の感覚はマヒしているが、落語家を師匠と呼んだり、大工を棟梁やかしらと呼ぶのと同じようなものではないかと考えている。本を書くことを日常の生業《なりわい》として生きていたわけで、物書きが特別な人間であるはずがない。「偉そうに本など書きゃあがって」と感じる人がいたら、これは私にとって困った話なのである。「あいつは大工でけしからん。偉そうに家など建てゃあがって」といわれるのと同じである。

物を書くのは私のサガであり、間違って選んでしまった生涯の天職である。間違って選んでしまったというのは、あるいは別の仕事に就いていたら、人生の成功者になっていたかもしれないと夢想することもあるからだ。あるいは、物書きとして大成しなかったのだから、他の仕事に就いても成功はしかなったといえないこともない。

私が物書きのために、私を敬遠している人もいるが、私のような雑駁で不躾な人間なのに、物書きだからそんなに粗野な人間でもあるまいと親しくしてくれる人もいる。そういう意味で、人間関係において功罪相半ばしているといえるかもしれない。

確かに物を書く人間であるから、私には多少変わったところがある。自分でも自覚しているところもあるが、家族や親しい人に指摘されて、そうであったかと思い当たることもある。弁解するなら、多少、変人のところがあるから物書きの世界を渡り歩いてこられたともいえる。温厚篤実、紳士、精錬潔白な人は物書きなどにならない。そのような模範的な人間は物書きの道など選ばない。

私のような人間は好かれる人、嫌われる人が相半ばする。希望的観測として、嫌われる人はやや少ないかもしれない。なぜなら、多くの人に嫌われるようではフリーランスのような仕事は成り立たない。捨てる神あれば拾う神もいるということで、捨てられるより、拾ってもらったほうが少し多かったので八十五歳の現在まで、現役に片足を入れたまま生きてこられたのであろう。

老人ホームの中には利害関係はないのだが、明らかに私を敬遠している人がいるのは薄々感じる。

老人ホームといえど一つのコミュニティであるから、人間関係で成り立っている。老人ホームでは、嫌われることで生存が脅かされることはないが、私を敬遠している人とすれ違うときなど少しぎこちなくなる。人に嫌われて不都合があるとすれば、その程度のことだ。

私を良き隣人と思っていていただいている人の場合は、少しの立ち話をしたり、笑顔で挨拶を交わしたりする。いってみればその程度のことで、老人ホームといえど、自分に合う人合わない人がいるのは当然のことだ。

どんな集落に身を寄せても、全ての人に好かれるということは無理な話だ。議会に立候補するわけでもないし、全ての人に好かれたからといって何か得するということもない。多少居心地が良いというだけの話だ。それは私だけの問題ではなく、おそらく全ての住人にいえることだ。ただ、余人は人に好かれようと嫌われようと、あまり深く考えていないに違いない。そんなことにこだわるのも物書きのサガゆえのことに違いない。

私は好き嫌いに関係なく、すれ違うときは礼儀正しく挨拶をすることにしている。相手は私を嫌っているが敵ではない。お互いに同じ共同体に身を寄せる同志である。挨拶するのは礼儀というものだ。それでも中には顔をそむけたり無視する人もいる。そういう人に対してはなるべく視線を合わせないようにしている。

困るのは嫌われている理由がわからないことだ。思い当たることもあるが、ほとんどは理由が分からない。思い当たることは、ほとんどが私に対する誤解か、生理的に相容れない相手である。まさに以心伝心で、こちらがあまり好感を感じていない人に嫌われる。これは自業自得で相手を恨む前にこちらの心根を正さなければならない。

人に対する好悪は、何処の社会に住んでも付いて回るもので、老人ホームだから云々というわけではない。しかし老人ホームの住人は人生の達人であるから、仏のような心根を持っている人が多いだろうと期待していたが、そうでもないことがわかった。しかし、このことは全く自分を棚に上げての言いぐさで、私もこの年になってもまだまだ仏の心には程遠い生き方しかできない。いつまでも、人に好かれたいとかいい人だと思われたいなどと愚かなことを考えている。まことに恥ずかしい限りだ。

新しい環境にすぐなじむ人となじまない人

人間は生まれながらの気性というものは、なかなか直すのに苦労する。私は商売が物書きという一種のタレント業であるが、実はすごい人見知りなのである。前身は雑誌記者でこれまた、人と会って情報を集めるのが仕事なのだが、人一倍の人見知りで、今にして思えばよく勤まったものだと我ながら感心する。雑誌の記者という仕事ができたのは、一種の職業意識のようなものに支えられてのことだったのだろう。

昔、人一倍憶病だという警察官から話を訊いたことがある。この警察官、凶悪犯人を現行犯で捕まえて表彰された人である。ところがその警官、非番のある日に私服で映画を観ているとき、突然、犯罪事件に出くわした。恥ずかしながら、その警官、こそこそと現場から立ち去ったのだという。凶悪犯人を格闘の末逮捕した警官と同一の人間に思えない振る舞いだが、彼は私にいった。

「制服を着たとたんに、警官としての自覚が強烈にわきあがるのですが、私服のときには本当に臆病なのです」と笑った。「きっと職業意識が人間を変えるのでしょうね」と付け加えた。私の人見知りもこれと同じようなものだ。雑誌記者として仕事に向かい合うと、人見知りの性向が影をひそめた。

私が、人見知りというと私の知人の多くは「嘘つけ」と思うに違いない。臆面もなく講演を引き受けたり、カルチャースクールの講師で浅学非才をさらけ出している私が人見知りのはずがないと思うのももっともな話だ。しかし、私は正真正銘の人見知りで、知らない人から話しかけられたりすると身がすくむ思いがする。初めて私と出会った人が、私の職業が雑誌記者だと知ると、不思議な顔をする。

人見知りする私ではあるが、四十年くらい前まではこれでも大政治家、大実業家、大物俳優、大女優、人気歌手などのインタビューをしてきた。振り返ると、よくもまあできたものだと我ながら感心する。もしこれが仕事でなかったら、私は彼らの前から尻尾を巻いて逃げ出したに違いない。

老人ホームに入居する人の中にも、人見知りの人、その逆に誰とでもすぐに打ち解ける人などさまざまである。入居者の中には、三年間、友達ができなかったという病的な人見知りのご婦人もいる。私の人見知りも、年齢を重ねるにしたがって矯正されて過度の人見知りはなくなった。それに加えて、私は誰に対しても、爽やかに挨拶しようという決心をして老人ホームに入居したので、すれ違う人の誰にでも笑顔を向けるようにしている。人見知りの私としては、割にスムーズに老人ホームという集落に溶け込んでいったような気がする。それを手助けしてくれたのは、やはりクラブ活動や大浴場の人間関係だったような気がする。

親しくなるためにに必要なのはやはり会話である。誰ともすぐに親しくなる人は臆せずに人の輪の中に入っていく人である。その第一歩は、まず隣人に話しかける、語りかけるということが大切である。話しかけられた人で拒否反応を起こす人はまずいない。老人ホームの皆さんは人生の達人ばかりであるから、よほどのことでもない限り、無視したり拒否したりするということはないはずである。自分に合いそうだと思う人には積極的に話しかけてみることである。

老人ホームには孤独な生き方は似合わない。人と人との和の温もりを保つことで生きやすくなる。前述したように、人間関係の中で、理由もなく拒否の態度を示す人もいないわけではない。しかし自分を拒否する人を許し、決して根に持たないことである。ある意味で、人はみな淋しさを抱えて生きているのである。その淋しさを自分の優しさで慰めてやろうと考えることが大切である。

人間関係の中で困るのは「誤解」の生ずることである。その場合も、誤解されるのは自分の行動の中に誤解を受けるような行動があったのだと考え、不徳の致すところと反省して相手を許すということである。

老人ホームも、誰とでも親しくなれる人には居心地がよい。居心地がいいということは住みやすいということだ。旅に出たらすぐに戻りたいと思えるような場所にするということが、老人ホームを第二の故郷《ふるさと》にするということでもある。

老人ホームと長生きの関係

長生きというのは、幾つぐらいまでをいうのかわからないが、人生百年時代の今でも、八十五歳以上の人を長寿の人と呼んでいいのではないか。私も令和二年（二〇二〇）五月に八十五歳を迎えた。若いときからの不摂生な生活で、とても長生きはできないだろうと考えていたのに、気がついてみたら長寿の人となっていた。多少の戸惑いもあるが素直に喜んでいいのではないかと考えている。

私的な意見だが、長生きというのは、本人のＤＮＡと心身の諸条件が調和して可能になるのではないかと考えている。これは私の長年の体験からいっていることで、生物学的、医学的根拠には全く関係のない意見である。

私が長生きしているのは、ある時期から老人ホームに入ったためだと考えている。そのこと以外には、ガンなどの死病に取り憑かれることなく生きてこられたためである。私は、煙草の吸いすぎで気管支喘息という基礎疾患を持っている。しかし煙草をやめ、かつ薬の服用を続けているために三十年近く発作が起きていない。コロナウィルスに感染しないかぎり、あと二、三年は生きられるのではないかと考えている。

病気は運命というのが私の持論で、病気だけは本人の自業自得の結果とはいえないものもある。煙草の吸いすぎで喘息になったのは自業自得だが、煙草はおろか、清浄な空気の環境に住んで、規則正しい生活を送っていながら喘息や肺ガンになる人もいる。このような人の罹患は運命としかいいようがない。自業自得で病気になる例もたくさんあるが、それ以上に不条理な運命のいたずらで病気にかかる人は数知れない。

私がこの年まで死病に取り憑かれないのも運命であるが、これから先のことはわからない。あるいは交通事故や思いがけない不慮の事故で命を落とすかもしれない。しかし私の場合、八十五歳という長寿を迎えた後のことだからもって瞑すべしである。

訃報を知らせる記事に接して、享年が七十歳代だと、死ぬには少し若い年齢だななどと思ったりする。しかし、訃報の主が八十代だと、まああの年齢まで生きたなと感じる。まあまあ生きたなと思わせる年齢あたりまで生きた人が、長寿を生きた人ということになるのではないか。

老人ホームの住人は総じて長命のような気がする。私の入居している老人ホームの情報紙に新入居者の紹介をする欄と、「お悔やみいたします」という欄がある。お悔やみの記事で知らされる隣人たちは、ほとんどが九十代と八十代である。もちろん例外もあるが、例外は少ない。多くの皆さんは長寿を全うしている。

なぜ老人ホームに長寿者が多いかということだが、前述のＤＮＡ＋心身の諸条件が調和している人が多いからである。ＤＮＡは生き方で変えられないが、心身の諸条件は生活の中である程度調整できる。病気は運命だが、その運命を回避することは生活のスタイルである程度可能だという証拠である。

老人ホームに入らなかったら、私はおそらく八十五歳まで生きられなかったのではないかと考えている。あちら社会に暮らしていたら、食生活をはじめとして、あらゆる生活が不規則な、自分勝手なライフスタイルになってしまっていたに違いない。病気は運命とはいえ、自分で悪い運命を呼び込んでしまうということはある。

ＤＮＡ＋心身の諸条件が長生きの条件というのは、長生きは肉体の頑健さだけでは全うできない。長寿には生きようとする強い意志（心）とクリーンな頭脳を持つことも必要だからである。

いつも、生に対して前向きに向かい合っていることも長生きの大きな条件である。生きることに絶望したり、投げやりになってしまえば死神の思うツボである。しっかりとした心根で意欲的に生きようとすることも、長生きの大きな条件である。

老人ホームに入ろうと考えるような人は、自分の生きざまに責任を持とうと考えている人が多い。そのような人には並みの人より健康志向があったり、生活への向上心があったりする。これも、長生きの大きな条件となっている。

私が八年間、隣人として住民を観察してきたところによれば、とにかく、歩くことが大好きな人が多い。筋力と長寿は直接的な因果関係については確かなことはわからないが、歩くことで脳の活性にプラスに働くことは確かなことである。そして、筋力が強い人は寝たきりになることは少ない。

これも私の体験からの意見だが、寝たきりは寿命を縮める大きなファクターである。元気だった人が、骨折などで寝たきりになり、あれよあれよという間もなく、亡くなられた例などを見聞している。寝たきりになることを予防する散歩に精を出すことは、長寿の道筋に合致しているわけだ。老人ホームの隣人の中にも、何人かの人が良く歩き、良く食べてピンピンコロリで旅立っている。
歩くことも長生きの条件の一つである。

第三章

入居して良かったと思ったこと

いつも職員の視野の中にいる

老人ホームに入居しようと思った動機の一つが見守ってくれる人が必要な年齢になったということである。入居したのは八年前で、私は七十七歳であったが、まだ現役で仕事を続けていた。その頃はまだ、誰かに見守ってもらわなければならないと痛感することはなかった。ところが妻は腰痛が激しくなり、家事をすることが苦痛になったのである。

代わって私が家事をやるという選択肢は最初からなかった。何しろまことにお恥ずかしい限りだが、私といえば、結婚以来、炊事、洗濯、掃除をしたことはなかった。独身時代は自炊の経験もあるのだが、一年中、ほとんど秋刀魚《さんま》の開きと故郷の母が送ってくれた味噌漬だけの総菜だった。胸を張って自炊の経験があるとはとてもいえなかった。

私が自炊をしていた時代は、秋刀魚の開きが一尾十円という時代で、貧乏でもどうにか食えた時代である。私は貧乏なくせに毎夜の酒場通いで、自炊時代、他にどんな総菜を料理したか全く記憶にない。見かねた大家のおばさんが、うどんを炒めてねぎを散らして食べる料理を教えてくれた。今振り返ってそれ以外の料理法は思い浮かばない。このような事情で、私たち夫婦には結局老人ホームという選択肢しかなかった。毎日自宅に届けられる総菜の配達便とか通いの家政婦に来てもらうということも妻と話し合ったが、どれも妻は嫌がって、結局老人ホームの入居が一番ということになったのである。

現実問題として、仮に何らかの方法であちら社会に居座ったとして、あれから八年、とても持ちこたえられたとは考えられない。今になって思うと、老人ホームに入ったのは結局ラッキーだったと思うのである。自分で決断せずに流れに任せて実行したことが、結果として上出来だったというのは、私の人生の多くの図式で、我ながらいい加減にして運のいい男と感心している。

老人ホームの居住者はいつも施設の職員に見守られている。雨につけ、嵐につけ自分だけで心配する必要がない。たとえば病気になったときのことだが、入院手続きから、退院のお迎えまで全部職員が手助けしてくれる。あちら社会ではそうはいかない。老いさらばえた身で、何もかも自分で始末しなければならない。ときには子供や親戚、近所の住民の手を借りなければならないこともあるかもしれない。それは大変に心苦しいことである。

老人ホームは仕事として入居者を見守ってくれる。有難いことだが、特別に相手の助力に引け目を感じたり、恐縮する必要もない。仕事として見守ってくれているのだから、必要以上に重荷に思うこともない。こちらとしても感謝の心はあるが、差し伸べてくれる手に素直にすがることができる。

妻は二度ほど風呂で溺れそうになって、その後要支援1の介助を受けている。入浴の介助の他に、雨の日の食事の配膳や月に二度、室内の清掃も引き受けていただいている。あちら社会でも介護保険としての支援は受けられるのだが、老人ホームでの見守りの延長としての介助とは違うはずだ。老人ホームの介助は安心であり心強く感じられる。

一章でも述べたが、あるとき夜中にうっかりと緊急コールのボタンに触れてしまったことがある。私はそのことに気づかずにいたのだが、一分もしないで職員が駆けつけてきた。息を切らせて駆けつけた職員を見たとき、私は施設の職員に二十四時間、見守られていることを実感した。一旦ことあるときは、緊急ボタンを押しさえすれば、プロの見守り人が駆けつけて助けてくれるのだと思って、心の内が温かくなり、大きな安堵感に包まれたのである。

入居して間もなくのことだが、ある風景に接して感動を覚えたエピソードがある。何月頃のことだったか、確かな時候は覚えていないが、寒くも暑くもない季節だったような気がする。私の入居の時期から考えて、初秋の頃だったかもしれない。

大浴場からの帰途であった。一人の女性職員が薄闇の中に立って何かを注視していた。声をかけようとしたが、思わず声を飲んだ。女性職員の視線の先に入居者の一人が歩いていた。私は立ち止まってその光景を見ていた。

その時、職員は住人が徘徊しているのを遠くから見守っていたのだ。その住人は少し認知症の気味があったのであろう。あとで訊くと、時々徘徊して職員の手を煩わせることがあったという。その時もそんな日に当たっていたのだろう。しばらくの間、闇の物陰に立ちつくして、本人が自由に行動をするのを見届けていたのだ。

しばらくして職員は追いかけていき、優しく言葉をかけて居室に連れ戻した。

私は現在の老人ホームに入居する前、他県の別の老人ホームに入居している知人を訪ねたことがある。その老人ホームの職員は、私を知人の居室に案内してから、廊下とエレベーターをつなぐドアの鍵を閉めたのである。徘徊する住人が勝手にエレベーターに乗ったりしないように注意してのことだった。

「幽閉されている感じであまり気分が良くないね」

知人は私に語った。その人は若き日には検察官で、罪の疑いのある被疑者を拘置所に閉じ込めた人だったので、幽閉されているという言葉に私は皮肉な思いを抱いた。そんな感慨はともかく、私も老人ホームに入る時期が迫っていたので、閉じ込められる入居者については他人事《ひとごと》ではなかった。

ところが私の入った老人ホームには自由を束縛する扉や鍵などはなかった。その代わり、職員が、徘徊する人を物陰からじっと見守っていたのだ。

危ないところに出かけたりしないか、転んで怪我などをしないだろうか、いつ声をかけて連れ戻そうか、そう考えながら職員は長い間、闇の中に立ちつくしていたのである。

そのことに私は大いに感動し、その時、老人ホームに入ったのは正しい選択だったかもしれないと思ったのである。

規則正しいライフスタイル

自分の思うままに勝手な生活をしていれば、どうしても気にそまないことや、つらいことは避けて通ろうとする。ようするに暮らしに手抜きが出てくる。あちら社会で暮らしていれば、私はあまり面倒なことはしたくないと考えるに違いない。少々体に悪いと思っても、好きなことをしたり、好きなものを食べたいと考える。

もちろん人によっては、克己《こっき》の人もいて、わが身を鞭打って運動に励んだり、健康第一の生活を送る人もいる。そういう人はどこで暮らしても長生きをするに違いない。私は克己の人ではなく自堕落の人であるから、他から押しつけられなければ健康な生活を送れない。私は自分で自分を管理するのはあまり上手ではない。それなのに、よくフリーの物書き生活が全うできたなと我ながら感心する。おそらく自分で自分を管理するより、人に管理されることが嫌いだったとしかいいようがない。

実際に、怠けすぎて原稿の締切りに間に合わず取引会社に迷惑をかけ、危うく取引停止になりそうなことはあった。その手の失敗を重ねても、何とか首にならずにすんだのは運が良かったこともあるし、経験を積んでいるうちに世渡りが上手になったこともある。こんな私が臆面もなく「自由業入門」の本を二冊も書いているのだから笑止である。

仕事では、何とかすれすれのところで自己管理をしてきたが、仕事以外ではおそらく自分で自分の管理をすることはできないと思う。おそらく放縦、気まま我儘、無計画な暮らしに傾くに違いない。その証拠に、煙草の吸い過ぎで喘息になったり、酒の呑み過ぎでメタボになった。

若いときから長生きはできないだろうと覚悟して暮らしてきた。それなのに無事に七十歳を迎え、いつの間にか七十七歳を迎え、老人ホームに入ることになった。それでも、老人ホームに入ったときは、五年も生きられれば本望と考えていた。ところがあれよあれよと思う間もなく、八年間の月日が流れたのである。

私が長生きできているのは、考えてみるに老人ホームに入って規則正しいライフスタイルで生活をしているためではないかと思う。

老人ホームには生活のための特別の規則があるわけではない。老人ホームは、各自自立した生活をしているわけで、行動に制約を受けているわけではない。各自、自立しているのであるが、老人ホームは、入居者同士、生活を共にする一つの集落である。

老人ホームという集落には生活のリズムがある。朝、朝食を知らせるチャイムが鳴る。生活サービス課のアナウンスによって一日の予定が告げられる。朝の健康体操、アスレチックジム、散歩、買い物、クラブ活動、昼食、午後の散歩や買い物、クラブ活動、夕食、入浴……、そして就寝で一日が終わる。書き出してみればあちら社会と大きく変わっているようには見えないが、老人ホームの生活のリズムは、暮らしてみれば、実際にあちら社会とはどこかが微妙に違うのだ。

私の場合、あちら社会では夜中に起きて仕事をしていたのだから、そこから普通人の生活のリズムとかけ離れていた。どこかが狂っていたということになる。出かけると朝まで呑んでの朝帰りとなると、そこで大きくリズムは狂い、そのまま狂いっぱなしで一日が始まることになる。

二日酔いなら朝と昼の食事は抜きである。あきれたことに夕食は迎え酒ということになると、二十四時間まる一日、生活のリズムは変調を来しているわけだ。

老人ホームに入っても、私は毎晩酒は呑んでいるが、特別の寄り合いでもなければ、ほとんどが独り酒である。いくら酒好きでも、独り酒では二日酔いになるまで痛飲ということもない。早々に切り上げて就寝である。要するに今は健康な酒、健康な睡眠である。

三食きちんと食事をして、睡眠も六時間、七時間は寝ている。仕事は幾つか抱えているが、あちら社会での仕事のように神経を磨り減らしたり、ストレスになるようなものは一切ない。むしろボケ防止をしながら原稿料をいただいているようなものだ。

老人ホームの暮らしにはメリハリがある。それが長寿の源ではないだろうか。住民は同じ生活を共有しており、自分だけがそのサイクルからはみ出すことはできない。自由気ままに生きているつもりでも、自然に老人ホームの暮らしの歯車の中に組み込まれているのである。これが長生きの理由なのだ。生活のリズムに絶えず変調を来しているようでは長生きはおぼつかない。

ホームの四十周年は貴重な勲章

私が入居して八年の間に三十五周年と四十周年の二度の節目を迎えた。私の入居している老人ホームには歴史がある。私が入居して一年目に三十五周年を迎え、令和元年五月に四十周年を迎えた。

老人ホームのガイドブックの拙著でも「老人ホームを選ぶなら歴史のあるところを選びなさい」と私は書いている。講演でも同じようなことを述べている。できれば、最低でも二十年以上の歴史のある所を選ぶようにアドバイスしている。

40 周年記念誌

老人ホームの経営というのは、大局的にみれば「老人福祉の実践」をビジネスにしているということである。言い換えれば「人間の心と体を扱う仕事」といっていいかもしれない。老人に対して「快適」「安心」

を提供するビジネスである。

物を販売する仕事と違って、老人ホーム経営には、固定的、普遍的なマニュアルは存在しない。毎日が新しい経験であり、日々に新しい事例に直面する。昨日まで予測していなかった事例に今日出会うこともある。その一つ一つを解決してビジネスを展開しているのだ。すなわち、歴史ある老人ホームというのは、難問解決のノウハウを積み重ねて歴史を築いてきたのだ。四十周年を迎えたということは、難問解決の日々を経て新しい発見を積み重ねて四十年という歳月をくぐり抜けてきたということである。

長い歴史があればあるほど、たくさんのノウハウがストックされるのは自明の理である。老人ホームには「やってはならぬこと」「やらねばならぬこと」がたくさんある。日々に直面する難問を放置したまま四十年間という長い年月にわたって経営を存続させることはできない。歳月によって与えられる知恵は、努力でも研究でも得ることはできない価値ある勲章である。

四十年の歴史を持っているということで注目すべきは、経営基盤の安定ということである。弱体の経営基盤では四十周年を迎えられるはずがない。経営がぐらつい

40周年記念の講演をする著者。

ていれば、心のこもった老人福祉の実践はおぼつかない。老人ホームの経営は、愛だけで、真心だけで、理想だけで成り立つものではない。安定した経営基盤があって初めてつつがなく運営できるのだ。四十年の長い歳月の中で、運営を担う当事者には筆舌に尽くしがたい苦労があったことは想像に難くない。しかしながらそれを見事に乗り切ったからこそ四十周年が迎えられたのである。すなわち経営基盤が破綻しないゆえに現在があるということだ。

　老人ホームの倒産という事例は何度も私たちは目にし耳にしている。どんな倒産も悲惨だが、わけても終の住処の倒産は悲劇としかいいようがない。営々と働いてきた半生、そして最後の安住の地として定めた終の住処、その住処が消滅して路頭に迷う厳しさは想像するだけでやりきれない。

経営の破綻は時間の長さだけで判断はできないが、歴史が長いほどそのリスクは小さいのは当然だ。なぜなら経験豊富な老人ホームは、いろいろなマイナス事例に直面してもそれを乗り越える知恵とノウハウを持っているからである。老舗の老人ホームは、長い歳月の間には何度となく苦難の嵐に直面してきたはずだ。しかし歴史ある老人ホームは、その苦難に耐える強靱な体質と解決する知恵を持ち合わせている。四十周年の持つ意味もそこにあるといえる。

老人ホーム経営も、確かに一つのビジネスではあるが、前述したように物を売る仕事ではない。物を売る仕事なら、良い品物を適正な価格で販売することである程度ビジネスは成り立つかもしれない。老人ホームの商品価値は終末を迎える老人たちにいかに「満足すべき時間」と「安心」を提供できるかというところにある。

ビジネスであるから、利益は無視できない。しかし、一般企業のように利益優先では老人ホームの経営は成り立たない。経営には特別なビジョンが必要である。要するに、老人ホーム経営には「理想的な老人福祉の実現」という錦の御旗を掲げて前進することが大切である。要するに経営には大義名分が必要なのである。

ちなみに、私の入居している老人ホームの基本理念は次のようなものだ。

【基本理念】―豊かな福祉社会の実現を目指して―

一つ、私達は老後の安心と幸せを提供することにより社会へ貢献します。

一つ、私達は働く人たちの人間性を大切にします。

以上が錦の御旗である。

この理念とセットになって「ケアスピリット　サービス提供への思い」という標語がある。

《私にとってあなたはとても大切な人です。》というのである。

この二本の錦の御旗を掲げつつ四十年間を歩み続けてきたわけである。

何と泣かせる御旗ではないか。

明るく爽やかな老人のコミュニティ

私の入居している老人ホームは「自立型老人ホーム」である。自立型老人ホームについては前章でくわしく説明した。元気なうちに入居するというのが自立型の特色である。

老人ホームというのは、老いさらばえ、栄光を捨てて都落ちしてやってくるところではない。逆に自立型老人ホームというのは、年老いて後に、前向きの生き方を模索するために入居するところである。

私の場合は妻の腰痛で家事が困難になり、プロの手助けを必要として入居してきた。しかし、建前でいえば、自立型の老人ホームは介助を求めて入居するのはフェアな入り方ではない。本来は元気いっぱいの人が、老後の一時期を尊厳を持って生きるために、あるいは、晩年の新しい生き方を構築するために、さらには老後の生活をエンジョイするために入居するところである。

あちら社会には生産社会としてのルールがあり、生産に従事する人の生活のパターンに合わせて社会のシステムが組み立てられている。その仕組みには老人はなじまないのは当然である。年々、弱者に配慮した援助の仕組みも整備されてはきているが、それには限界がある。いかなる高齢化社会といえど、生活の中心を占めるのは生産の担い手である若い人たちである。

隣人たちに年寄りは大事にされているが、それは弱者を労《いたわ》ろうとする優しい思いからである。しかし実態は、年寄りは生産社会ではあくまでも「労《いたわ》られる人」なのである。この考え方に不賛成の人もいるかもしれない。しかし、私が老人を「その他の人」のような言いかたができるのは、全ての人がやがて「労《いたわ》られる人」になるのは人生の真理だからである。いつまでも若さを維持して現役で働ける人などこの地球上に一人として存在しない。全ての人が年を重ね、誰もがやがて「労《いたわ》られる人」になっていくのである。

しかし自ら老いてみてわかったのは、老人には老人ゆえの生きる意味があり、真実があるということである。この真実をだれに気がねもなく追求できるのは、老人同士の連帯の中においてこそである。右も左も元気な老人の中にいてこそ新しい老人の生き方を模索できるのである。

老人のコミュニティである老人ホームは、お互いに「老人」という共通のカッコでくくられた人間たちが暮らしている施設である。老人ホームには、あちら社会のような格差は存在しない。幾つかの年齢差や体力差はあるものの、それ以外の格差は老人の里では無意味に等しい。入居者の笑顔が爽やかなのはそのためである。

渡る世間は鬼ばかりだが、老人ホームには鬼はいない。なぜなら生活のシステム上、鬼になる必要がないからである。もし仮に鬼に感じられる人が住んでいたとしたら、人間世界である限り、鬼に見える人や仏に見える人がいるということにほかならない。遠い日、幼稚園のときにたまらなく怖いガキ大将が鬼に見えたのと同じである。老人ホームの鬼は、実は優しい鬼なのである。

八年間暮らしてみて、老人だけのコミュニティの存在の意味がわかってきた。老いという平等の立場に立って生きる人たちと生活を共にすることの大切さである。全てが「老いの暮らし」に合わせて生活の歯車が回っている。そんな環境の中で、人生を見つめ、人間を観察し、政治を感じ、明日を思うことが、やはり貴重な生き方なのである。

災害時の献身的サポートに感激

私が、世紀の大災害とも呼ぶべき東日本大震災を体験したのは、老人ホームに入居する一年前だった。当時、私は神奈川県相模原市の自宅にいて、二階の書斎で原稿を書いていた。いきなりの揺れだった。私の場合生まれて初めて体験した大きな揺れだった。

本棚に積んであった書籍の山が一つ崩れた。驚いて私は書斎のドアを開け、下に駆け降りた。ダイニングの茶箪笥から皿が一枚飛び出しただけの被害だった。ダイニングには青ざめた妻が立っていた。おそらく妻にとっても生まれて初めて体験した大揺れだったに違いない。あのときすぐにテレビをつけて事情を知ったのかどうか、動転していたという以外、そのときの記憶がない。

その日、人と喫茶店で待ち合わせていた。私は支度して約束の時刻に喫茶店に出かけたのだが喫茶店は閉まっていた。断水で急遽閉店になったのである。すぐに待ち合わせていた人に電話をしたのだが、携帯電話も通じなかった。喫茶店の前に信号機があったが、その信号機も故障してしまった。喫茶店の前で待っていると、時間に少し遅れて待ち合わせの人が車で到着した。やはり、信号機の故障で道が渋滞していたのだという。その日は仕事の打合せどころではない。大した話もせずにその人と別れた。

さまざまな混乱は遥かに離れた大都会の東京にまで及んでいたが、それよりも東北地方の沿岸が大津波で多くの町は見るも無残に壊滅した。そして津波にさらわれて大多数の犠牲者が出た。私の故郷岩手県でも沿岸部は大打撃を受けた。たまたま私の生まれた土地は内陸部で、その後、縁故者や幼なじみは被害から免れたことを知った。

この大震災による後遺症で、生活にいろいろな支障を受けたが、神奈川に住んでいた私は、大きなダメージは受けなかった。しかし、このような災害が身近に起こったら、高齢者夫婦である私たちは、おそらくもろに被害を受けていたに違いない。もし津波が襲来したら、足腰に障害のある妻や、逃げることに不器用な私は、大きな波にさらわれてしまっていたのは間違いない。

この大震災が直接的入居の動機となったわけではないが、当時、いささか入居にためらいのあった私の背を押したのは確かである。東日本で起きたような大災害に、年寄り二人がであったら、これは一巻の終わりだなと感じたのである。緊急時に手を貸してくれる人がいなければ満足に対応できないと感じたことも、老人ホーム入居に気持ちが傾いていった理由の一つである。

それから間もなく老人ホームの見学に現地を訪れた。そのとき案内してくれた職員に、災害時の様子を訊くと「ホームが建っている地盤は堅固なんですよ。小さな揺れは感じましたが、大したこともなかったです」という返事に納得した。

入居して数年、平成の終わりに伊豆半島を直撃した豪雨の風水害に見舞われた。停電、断水の被害は老人ホームにも及んだ。

そのとき、心強かったのは施設のアナウンスだった。

「建物は安全です。できるだけ家の中にいてください」というこの一言にはずいぶんと励まされた。あちら社会なら「少しでも早く非難してください。自分の命は自分で守ってください」という呼びかけが通常である。ところが老人ホームの呼びかけは違っていた。

老人ホームの呼びかけは「建物の中は安全です」というアナウンスだった。このアナウンスに私は心底胸をなでおろした。この家の中にいることが、自分の身を守ることになるのだ。そう考えると何とも安らいだ気持ちになった。

日暮れとともに風雨が強くなってきた。その日の夕食は各部屋に配膳であった。合羽を着て、風雨に叩かれ、雨滴を滴らせた職員が食事を運んできた。各部屋に食事を配るのだ。私たち入居者は、安全な建物の中で、届けられた夕食に向かうことができた。

もし、あちらに住んでいたらこのような暴風雨の夜は、恐らく心細さに震えながら、築三十年の家で不安な一夜を過ごしたに違いない。まさか、屋根が飛んだりはしないだろうが雨戸を叩きつける風雨に、まんじりともしないで心細い一夜を過ごすことになるのは目に見えている。

老人ホームの職員の手厚いサポートでも、いかんともしがたいのは停電と断水である。これには困ってしまった。電気という文明の利器にすっかり頼りきって暮らしていた私たちは停電となると、全くのお手上げである。冷蔵庫の恩恵にすがって生きていたことに今更ながら愕然とする。冷凍庫の氷は溶け出し、この非常時だというのに食品が駄目になっていくのである。台風の状況を知りたいのにテレビは使えない。そんなときに、老人ホームの施設内の通信網は確保されていて、生活サービス課の放送と、一晩中流される施設長直接

災害時、入居者に飲み水のペットボトルを配る職員

の台風情報は本当に心強かった。

停電に追い打ちをかけるように、市の水道水の貯水設備の破壊で断水となった。しかし、老人ホームはすぐに対応した。生活水が汲める水槽をホームの各所に設置し、これで何とか手当ができた。飲料水は備蓄のペットボトルが各居室に配られた。飲み水も何とか確保できた。飲み水の支給は断水が解除されるまで続けられた。飲料水の備蓄の不足分は、系列の他の施設から回されてきた。

おそらく職員は、混乱の続く間は休日返上で入居者の支援に当たったはずである。私はたまたま、その頃、老人ホームに関する講演を依頼されていた。そのことを知っている隣人たちから「今度の講演で災害時に職員の献身的サポートで無事に乗り切ることができた感謝の言葉をぜひ聴衆に伝えてください」という伝言をもらった。

本書においても、災害という非常時に自らの身を粉にして入居者の安全を守った施設職員の努力は書き残しておかなければならないだろう。

老人ホームに入居していなければ、あのような災害に遭遇したとき、私たち老夫婦はどのように対処しただろうかと考えると背筋が寒くなるのを覚える。やはり入居を選択したことは間違っていなかったと、しみじみと痛感したのである。

家事に対する考え方

何度も前述しているように、私の場合の入居の動機の一番目は、妻が思うように体が動かなくなり、家事が苦痛になったためである。老いたりといえど、何とか五体が動く私が家事を代行すれば解決することなのだが、私は、独身時代から家事は苦手であった。独身時代には自炊も経験したが、炊事といえばほとんど三百六十五日同じメニューであり、掃除は月一、洗濯は着替えるものが無くなったときという体たらくであった。そのことを知っている妻は、私のことを頭から信用していなかった。

大作家なら勲章だが、無名作家の私が文章以外は無能力といっても、人様から嘲笑を買うだけのことである。こんなことはあからさまに告白しなくてもいいのだが、私の仕事の一端は自虐を売り物の三文文士であるから、有り体に申し上げているわけである。

老人ホームに入居することで、妻も私も家事の悩みから解放された。これは妻には有難かったと思う。朝は食堂を利用していないが、朝はパン食かレトルト食品で、電子レンジとトースターでチンをするだけであるから、これは炊事とはいわないだろう。老人ホームの入居者の中には、ボケ防止のために三食全てで自炊している人もいる。ボケ防止はともかく、好きなものを調理して食べたいからという理由で自炊の人もいる。私の入居している老人ホームは、火災を防止するためにオール電化になっている。しかしガスを使わなくても料理はできる。鍋物を始めどんな料理も、電熱で作ろうと思えば作れる。

昵懇《じっこん》にしている入居者のTさん宅で時折すき焼きパーティをするが、もちろんIH（電磁調理器）である。何も特筆することもない話だが、電気でも普通のすき焼きが食べられる。どんな家庭料理だってIHでできないはずがない。

炊事が好きという人はある意味で羨ましい。ホームの食堂も、毎回メニューの目先を変えているが、必ずしも、その日にその料理を食べたいと思わないことだってある。そんなときには自分で好きな料理を作って楽しめばいいのだ。

老人ホームの近くにスーパーマーケットがあり、ホームのシャトルバスが巡回している。食材を購入するのに面倒はない。炊事を自分でしようという元気な人なら、スーパーまでは歩けない距離でもない。現に運動のために買い物はバスを使わないという人もいる。

若いときはきれい好きだった妻は、体が思うように動かないこともあるのだろうが、老人ホームに入って一、二年も経つと、身辺をきれいにしようという意欲はずいぶんと衰えた。それに加えて、家内は物を捨てるのはあまり得意ではない。物に執着心があるのに加えて、小まめに欲しいものを購入する。物を捨てないで次々に物を購入するのだからどんどん物は増えてゆく。引っ越しのときにずいぶんと物を捨ててきたのだが、老人ホームに入ってからも、あれこれと物を買っているうちに、またたくまに物が溢れ出した。

私自身も引っ越しのとき、蔵書のほぼ全てを処分してきたのだが、老人ホームに入ってから、仕事の関係でぼつぼつと買い足していくうちに、また身辺に本が溜まり出した。買っては捨てたり、人に寄贈をしているのだが、それでも足もとに書籍の山ができている。

前述したように、生まれつき整理整頓にうとい私のことだから、どうにもならない状況が到来しつつある。

老人ホームに入る前、あちら社会に住んでいるときには、書斎だけは昔から私の聖域であった。どんなに乱れ汚れても、妻も手出しができなかったのだから、昔からゴミと本に囲まれての暮らしだった。老人ホームに入ってから、妻の劣化に加えて、私の不器用があいまって、どうにもならないところに追い詰められた。

これは困ったことになったと思っているときに、月に二回、老人ホームの職員がお掃除に来てくれることになった。特別にそうなったわけではない。前述したように、妻は要支援1の介護を受けている。入浴の介助のほかに、雨の日の食事の配膳、室内の掃除ということになったのである。二人の職員が来て三十分ほどのお掃除だから、私の書斎までは手が回らないので辛うじて聖域は侵されずにすんでいるが、いつまでもこのままの状態が続くとは思えない。

書斎といったところで、昔のように純然たる仕事場ではない。老人ホームの2DKである。和ダンスもあれば、家内の洋服の整理箱や押し入れもある。私だけの聖域として死守するわけにはいかないのだ。

それにしても、月二回のお掃除の手伝いは助かる。自立型老人ホームなのだが、不都合なところはサポートしてくれる。何か困ったことがあると手を差し伸べてくれる。これはありがたい。有料だが洗濯だって頼めば引き受けてもらえる。

家事に自信がなくても老人ホームに入れば何とかなる。これが本当に有難い。年をとって一番最初に途方に暮れるのは家事である。老人ホームでは、家事のみならず、ちょっとした困りごとは職員が引き受けてくれる。もちろんスーパーなどの店に出かける体力がなくなっても、職員が買い物代行も引き受けてくれる。家事が苦痛になった人、一人暮らしに自信がない人などは老人ホームの入居は一つの解決策であるのは間違いがない。長く暮らせば暮らすほど老人ホームの有難さが身にしみるのである。

同好会は暮らしのスパイス

あちら社会に暮らしていたときも、老人ホームに入る頃は趣味の仲間との交流もほとんど途絶えがちになっていた。私の老人ホームの入居は七十七歳で、その頃、かすかに交流が続いていたのはカラオケの仲間だけだった。

年老いてくれば仲間が集まるということも少なくなってしまうのは当然だ。仕事もリタイアして家に引きこもってしまうと、わざわざ電車に乗って遠出してまでメンバーが集まるということは年々少なくなる。

　仕事の現役の頃は、仕事の関係者と会えば、麻雀、カラオケ、酒場のはしごというのは自然の流れだった。しかしそれもせいぜい六十代の前半までで、六十代も後半の頃には、遊びのメンバーも一人欠け、二人欠けして脱落者が出始めてきた。気がつけば、いつの間にか遊びの仲間が身辺にいなくなってしまった。

ホームのカラオケ同好会。前列、右から二人目が著者。

　たまに知人の冠婚葬祭などで久しぶりに昔の仲間に出会っても、せいぜい夕食を共にするだけで、酒場をはしごする元気もなくなっていた。淋しいがどうしようもない。呑んで遅い電車で帰る憂鬱を考えると、早めに帰ったほうがいいということになった。そういうわけで、気がついてみると麻雀とも何十年も遠ざかっていた。

　当時、老人ホームへ入居する直前まで、呑み会とカラオケだけは二カ月に一度くらいの割で細々と続いていた。

私は、老人ホームに入居したら思う存分遊んでみたいと、胸をはずませて考えていた。老人ホームにはいろいろな同好会がある。

コーラス部、楽器演奏のクラブ、ギタークラブ、ヨガクラブ、絵の会、書道の会、囲碁の会、グランドゴルフ、吹き矢の会、太極拳、聖書の会、百人一首、源氏物語勉強会、数学の会、自然を楽しむ会、社会問題や終活問題を勉強する会、麻雀、俳句、カラオケなどが主なクラブである。

私は、麻雀、俳句、カラオケクラブに加入している。麻雀は週に一回、俳句は月に一回、カラオケは月に二回である。他にも加入したいクラブがあるが、地元の老人クラブの俳句の講師とカルチャースクールの総合アドバイザーに担ぎあげられているので、これ以上のクラブ活動は残念ながら時間的に無理である。

入居者の中には終末を遊び暮らしたいと思って老人ホームに入ってきた人もいるので、そういう人は充実したクラブ活動を楽しんでいる。

クラブ活動の多くは、週一か週二であるが、参加することで、老いの暮らしに華やかな彩りを与えているのは確かである。あるいは、ともすれば単調になりがちな老いの暮らしに刺激を与えるスパイスのような役目を果たしているかもしれない。会の開かれる日をみんなは心待ちにしているのである。

私が会の参加を休んだのは病気のときか仕事で出張したときだけである。なるべくなら会とかち合わないようにスケジュールを調節する。仕事相手に提示される打合せの日がクラブ活動とかち合ったりすると私は難色を示す。

「その日はだめですか？　どんなご用事ですか？」

仕事の担当者は困惑したような顔をする。先方は、売れない年寄りの作家に都合の悪い日なんかあるはずもないと考えている。

どんな用事ですか？と訊かれて、まさか正直にカラオケと答えるわけにはいかない。「まあ、ちょっと野暮用で……」などと、私はもぐもぐと弁解する。確かにカラオケに出かける用事であるから、野暮用中の野暮用である。

仕事のスケジュールをねじ曲げても参加したいというのだから、相当な遊び好きで、我ながら愚劣な男と反省はしている。

麻雀、俳句、カラオケのクラブ活動は入居以来八年間も続けている。休んだのは前述のように病気で入院したときと講演会の日程が重なったときである。それ以外は欠かさず参加している。これも前述した話だが、麻雀、カラオケ、俳句のいずれも八年の歳月の間に何人かのメンバーの入れ替えを体験している。

老人ホームゆえに長い年月の間に、来る人去る人がくり返されるのは当然である。私自身、次に去るのは我が身であることは心得ているが、その日までしばしの間遊びにうつつを抜かしたいと思うのである。

季節の大切さを教えてくれる老人ホーム

あちら社会に住んでいたときは、物書きが生業《なりわい》の身にもかかわらず、季節の移ろいにあまり関心がなかった気がする。もっとも物書きといっても、依頼される仕事の中身は駄文雑文の類《たぐ》いで、花鳥風月の優雅な文章を綴るという仕事ではなかった。物書きの前の仕事といえば雑誌記者で、これまた生き馬の目を抜くような苛酷な仕事で、四季の移ろいなどに心を遊ばせる余裕はなかった。

私は幼いときからの俳句オタクで、俳句といえば季語とはきってもきれない関係にあり、子供の頃からそれなりに季節に向かい合ってはきたのだが、自己流独学の俳句づくりで、好きな季語しか念頭にはなかった。

若いときは酒と放蕩三昧の暮らしで、私にとって季節と酒は切ってもきれない関係で、酒の登場しない行事は横目で通りすぎるという具合だった。朝帰りの私に妻は「豆まき」を要求する。私は仕方なく酒臭い息を吐きながら「鬼は外」などと叫ぶのが私にとっての節分だった。私の子供は娘で、二月の末には階下の居間に小さな雛人形が飾られるのだが、私は、ちらりと視線は走らせるものの「ああ雛の季節か」と心にしみるような感慨を抱いたという記憶はない。

私が子供の頃に暮らしていた家の裏手には川が流れていて、その川向こうは通称「桜土手」と呼ばれる桜並木の道が続いていた。季節が来ると桜が爛漫と咲くのだが、今思い返しても、どういうわけか葉桜の並木道しか目に浮かばない。

桜といえば、出版社勤務時代に、入社一年目には上野公園に花見の場所取りに行かされた。桜を観るよりも酒が飲めるので胸がはずんだことは覚えている。

花火といっても、両国の花火は仕事であった。雑誌のグラビアの写真を撮りにカメラマンと出かけたのだが、あまりの人出で満足な写真が撮れず、仕方なくヤケ酒を呑んで帰ってデスクから怒鳴られたことが嫌な記憶として残っている。

ケアセンターに飾りつけられた雛壇

私にとって花見といえば酒で、月見といえば酒である。それで肝心の花の美しさも月の輝きも心に残っていない。考えてみれば、自業自得とはいえ不幸な半生だったと後悔している。老人ホームに入ったからといって、酒と縁を切ったわけではないが、季節の移ろいに自然に向き合わされている。老人ホームの計らいで、季節の行事が日々の暮らしの中にきめ細かく取り入れられているためである。

門松や生花の飾り付け、新年祝賀会、鏡餅の汁粉の販売、新年の初詣でのバスツアー、節分の豆の配布、雛段の飾り付け、つつじの群生地の散歩ツアー、山焼き、花見の席、七夕祭り、花火大会、花火見学バスの運行、夏祭り、月見のダンゴ、文化祭、紅葉狩ツアー、クリスマスのイルミネーション、クリスマスの小宴、年末の餅つき……と、日々の暮らしの中に、キメ細かく行事が組み込まれている。

老人ホームに入居当時は、まだ仕事の忙しい頃だったが、物珍しさから、行事やツアーにしばしば参加して季節の移ろいを堪能したものである。入居して八年の月日を経た今は、マンネリになったり、体力が弱くなって参加をしないものもあるが、それでも、折々に移ろい行く季節の香りにひたっている。

老人ホームに入らなければ、これほど細かく季節の行事を体験することもなかったと思う。季節を実感して日々を過ごすというのは、人間として本来の生き方である。季節を実感することで、人間の体に組み込まれているＤＮＡが活性して、健康維持に大きな役割を果たしているにちがいない。すなわち季節を感じるというのは、日本人の健康長寿の条件の一つになっているのではないかと思う。

私の拙著である老人ホームのガイドブックに「入居のための15のチェック項目」というページがある。15項目の最後の項目は「ホームの年間スケジュール」となっている。拙著には次のように紹介されている。《老人ホームの年間スケジュールを事前にチェックしてみることで、ホーム側の入居者に対する接し方が見えてくる。遊び、記念日、行事などが細かく実施されているところは、入居者への関心が強く、温かみのあるホームである。》（拙著「老人ホームのそこが知りたい」より）

まさにその通りで、デリケートな季節の移ろいに身をゆだねることができるのは、老人ホーム入居の一つの特典ともいえるのである。

頼もしい直営診療所の存在

老人になると病気をしがちになる。老化により免疫力が低下してくるのだから当然である。老人は常に体の不安を抱えながら暮らしているのである。

私は若いときの煙草の吸いすぎで喘息になった。薬の服用で、この三十年ばかりは発作が起きていないが、基礎疾患を抱えているわけだ。しばらく発作の不安を忘れてくらしているが、やはりそばに医療機関がないと不安である。

多くの老人ホームは、近くの医療機関と契約して、優先的に診療してもらえるようなシステムになっているが、やはり老人ホームの施設の中に直営の診療所があるというのは心強い。老人ホームを選択するには幾つかのポイントがあるが、医療機関の有無は重要なチェック項目である。私の書いた何冊かのガイドブックでも書いていることだが、老人ホーム選択の重要ポイントとして「医療機関の有無」を挙げている。私自身はもちろん現在入居している老人ホームを選んだ幾つかの理由の一つは直営診療所の存在があった。

それはやはり間違いではなかった。前述したように入居一年目に脳出血を発症した。私の異変に気がついた職員がすぐに車椅子を用意して診療所に連れていってくれた。私を診察した医師は脳卒中と診断してすぐに大病院に担ぎ込んだ。この処置の早さがよかった。大病院での検査の結果脳出血と判明、すぐに入院治療を受けることができた。処置が早かったために後遺症も残らずに回復した。半月ほどで退院した。

私に異変が起きたとき、私は意識がしっかりしていた。私の脳裏に一瞬閃いたのは《脳梗塞かな？》という思いだった。少し前に、私の親しい仕事関係の先輩二人が脳梗塞で倒れたからである。その先輩二人は倒れたときに意識を失ったと聞いた。私は意識がしっかりしていたので、脳梗塞という疑念をすぐに打ち消した。

私はその前日、夜遅くまで原稿を書いていた。寝不足と疲れのための異変だと自分勝手に思い込み、部屋に戻って冷や酒でも呑んで一寝入りすれば回復するだろうと考えていた。思い返せば冷汗三斗で、酒を呑んで寝たりすれば、それこそ半身不随の後遺症が残ったのは目に見えている。後遺症は当然のことだが、命あっての物

新装なった「伊豆高原ゆうゆうの里」の直営診療所

種だった。老人ホームと診療所のおかげで私は命拾いをした。そして今に至るまで五体満足でいられるのだ。

私は「蜂窩織炎《ほうかしきえん》」という難病を二度患っている。一度目は旅の帰途、熱海で高熱を発して倒れ、そのまま救急車で病院に運ばれて「ホウカシキエン」などという聞きなれない病名を告げられた。後で調べてみたら往年の名横綱吉葉山がこの病気にかかり、高熱を押して出場し、優勝したというエピソードがあることを知った。

二度目は自宅で発症して診療所に半月入院した。老人ホームの敷地にある診療所に入院するのだから、気持ちの上でずいぶんと気が楽だった。

入居して七年目に診療所がリノベーションされた。自慢にはならないが私は新旧の診療所どちらにも入院した。一度目は「蜂窩織炎」で古い建物、二度目はリノベーションされた新築の診療所に「帯状疱疹」で入院した。ホテルに泊まるわけではないのだから、古い新しいはあまり関係がない。ただ、ここは老人ホームの敷地の中だと考えると少し気持ちが楽になった。この敷地の中には自分の住まいがあると考えると気持ちが安らかになる。

診療所の所長はK先生で、臨床医の鑑《かがみ》のような人だ。大学病院で助教授の地位にいたのだが、教授選考に際して、その椅子を争う人間関係の醜さに嫌気がさして、大学病院という白い巨塔を脱出して臨床医になった人である。

K先生はなかなかの苦労人で、老人に接することを心得ている。時には患者の車椅子を押して花見に出かけたり、夏祭りの会場に出てきたりする。

私の入院中も、休日にもかかわらず、しばしば早朝の病室に顔を出していただき励ましてくれた。通常の日も朝七時には診療所に顔を出す。心細い患者の身としては有難いことである。

「ずいぶん早いですね」と声をかけると「女房に追い出されるんですよ」と冗談を言う。私は図々しくも、私がアドバイザーをしている高齢者のカルチャースクールで講演してもらえないかと頼み込んだ。いささか困惑されたような表情を見せたが、引き受けてもらった。恥ずかしながら、満足な予算もないカルチャースクールである。講演料なしで引き受けていただいた。

K先生は、終末医療に関しても特別の見識を持っていて、数年前、私のプロデュースで著書も刊行していただいた。

老人ホームの診療所ということになると、ただ機械的に病気の診断、治療を行えばよいというわけにはいかない。患者の多くは、老人という特別の立場にいる人たちである。通常の医師のような考え方では、老人ホームの医師は勤まらない。心理学的にも生理学的にも特別の意識と情熱を持って接しなければならない患者ばかりである。医療と介護を両立させながら運営していく老人ホームの診療所の責任者としてK先生は苦悩しているのである。いつの日か、私もK先生によって、終末を看取ってもらう日がくるわけだが、その日は私の想像ではそんなに遠くない日の気がする。

「呑んでますか？」

定期検診のたびに訊かれる。

「適当に呑んでいます」と、私は答える。

「ほどほどにしてくださいね。ドクターストップはかけないでおきましょう」

K先生は笑って言う。

老人ホームの入居は終末の安心を担保

自立型老人ホームの入居者の中には、終末の不安を解消しようと思って入居してくる人も多数いる。晩年に有意義な日々を送ろうということが第一義の目的であっても、その先には結果として終末がやってくるわけだから、その時の確かな備えとして老人ホームに入居するということである。

いろいろな高齢者住宅がある。全般的に、近年はサービスの質も高いところが増えてきている。しかし、介護が必要になったときは、他の施設に移らなければならないというところが多い。また、介護が必要になったときは、一般家庭と同じように外部から支援を受けることになる。今、私が入居している老人ホームは自立型のホームで、元気な間は見守られながら老後の一時期を充実して過ごし、介護を受けなければ生活ができなくなったら、そのままケアセンターに移って介護を受け、終末を迎えることができるのである。

最新設備が完備した新増築のケアセンター

私はかつてあちら社会にいるときは、元気なうちは自宅で過ごし、手助けが必要になったら外部の支援を受けてもいいし、もっときめ細かい援助を受けたかったら家政婦さんに通ってもらえばいいだろうと考えていた。そしていよいよ最後には公的機関の特養（特別養護老人ホーム）に入ればいいと楽観していた。これはまことに甘い考えで、昔と今では事態は大きく変わっているのである。現在、特養には入居希望者が殺到していて、入居するまでに三年待ちは普通で、中には五年、六年待たされたという人もいるのである。

従来は入居資格は要介護1であったが、令和二年三月現在は、要介護3以上に引き上げられている。要介護3ということになると、自分で衣服を着たり、排泄ができなくなるということだから、まさに、寝たきり同様にならなければ入居はできないということだ。

これは私の予想していなかったことで、もともと私の考えていた老後の始末では、相当にみじめな晩年ということになってしまう。家内の身体的な都合によって自立型老人ホームを選んだが、あれから八年、自立型老人ホームへの入居の選択は間違っていなかったのである。

いつ倒れても、終末の始末は老人ホームがつけてくれる。終末は何の心配もいらないということになる。老人ホームで老いの日々を過ごし、老人ホームで終末を迎える。施設には新設のセレモニーホールがある。そこで仲間の入居者とお別れして私の老人ホーム生活に終止符が打たれる。

孤独死もせず、のたれ死にもせず、最期を迎えることができるのは僥倖《ぎょうこう》である。人生劇場のフィナーレの舞台を提供していただいた老人ホームに感謝しなければなるまい。すでに墓も用意している。死んだらそこに葬られる。私の人生の終わりである。墓苑からは晴れた日には富士が見える。

陽炎の果てに聳える富士の山　（国春）

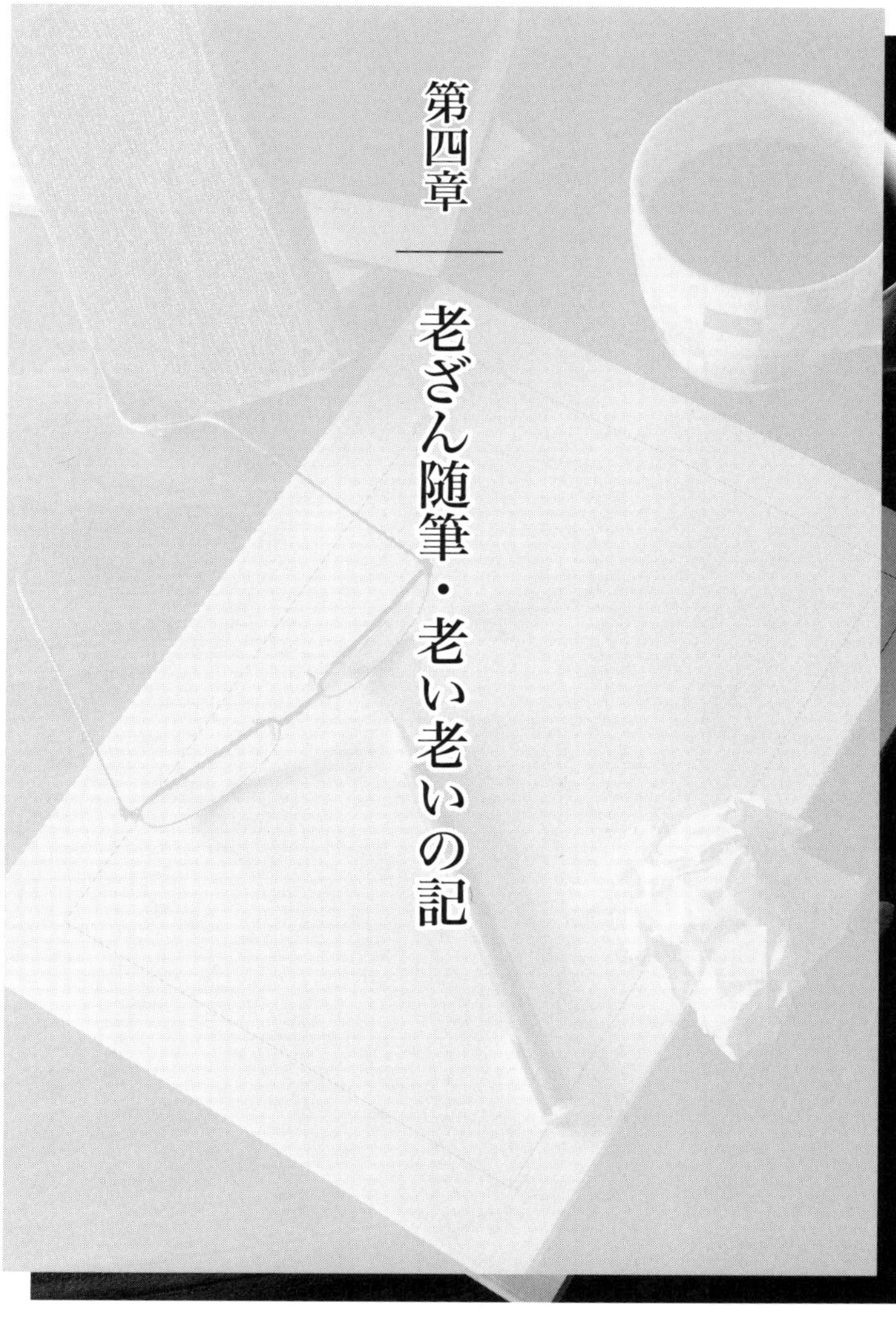

第四章

老ざん随筆・老い老いの記

老人にとっての死とは？

若いときは自殺を考えたこともあるが、切実に思い詰めた思索ではなかった。その証拠に八十五歳まで生き恥をさらしている。自殺を考えながら巷を彷徨しているときに、従兄弟とばったり出会ってカツ丼をご馳走になるや、死への憧憬が雲散霧消してしまった。私の若いときの死についての思索はその程度のもので恥じ入るばかりである。

死ななかった自分について、何とも恥ずかしく、自分で自分に言い訳をしていた。《自殺なんてその気になれば何時だってできる。自殺は人生の危機に追い詰められたときの逃げ道だ》

あきれたことに私は自殺を絶望の逃げ場所と考えていたのである。しかし、実際に何度も絶望挫折の人生に直面したのに、自殺をしなかったのは、まだ自殺をするほどに追い詰められていなかったのか、あるいは死ぬのが怖かったのか、今になってみると我が胸中は判然としない。もうこの年になると、自殺しなければ解決しないような人生の難問や絶望に直面することもない。何しろ自殺をしなくても早晩あの世に行く身である。そんなに慌てることもない。

自殺話は別として、私の場合は、若いときに日常的に死に対して向かい合っているということもなかった。戦時の若者は何時も死と向かい合っていた。ひとたび戦場に赴けば、いつ銃弾に倒れるかわからなかった。当時の青少年は召集されれば、否応《いやおう》なく死と向かい合わざるをえなかった。

私の場合十歳で終戦を迎えたので召集ということもなかった。私は持ち前の夢想家少年だったので、物心つくと少年航空兵に憧れ、いずれ時いたらば航空隊に志願しようと考えていた。しかし、これも自殺話と同じで、単なる空想癖の妄想で、その時になったらどうなっていたか分からない。そういうわけで、死に直面する機会もなく終戦を迎えたわけである。考えてみると、私は昭和十年生まれ、よき平和な時代で馬齢を重ねたことになる。

後年、特攻隊の基地として知られる鹿児島県の知覧を取材のために訪ねた。知覧特攻平和会館には、死んでいった特攻少年の写真が、壁一面に貼ってあり、別れの言葉が展示されていた。私がもし七、八年早く生まれていて、少年航空兵に志願していたら、この特攻隊の一人になっていたかもしれないと考えると、名状しがたい悪寒のような感慨が背筋を走るのを覚えた。

まあ、しかし憶病な私は、死の瞬間に恐怖を感じて、卑怯にも敵前逃亡をはかり、軍法会議で有罪になって刑務所に繋がれたかもしれない。そんなことを考えるのも平和な生涯を送った証拠といえよう。

平和な時代の少年であった私が、自殺に憧憬を感じたというのは、死という観念を弄《もてあそ》んでいたに過ぎない。若い時代の死は現実ではなく、単なる思索の中の一つの命題であった。

正直なところ愚かな私は、七十歳あたりでもまだ自分の死に切実な思いを抱いたことはなかった。ましてや、四十歳、五十歳の働き盛りでは自分の死ははるか遠い先のことにしか思えなかった。ただ中高年のころから、身近な人の死にしばしば出会うようになった。

第一に母である。順序からいえば当然母のほうが先に死ぬわけであるが、生まれて間もなく父を失い、母一人子一人の母子家庭で育った私は、相当なマザコンで母が死ぬことなど想像ができなかった。少年時代に上京し、以来、母とは離れ離れで暮らしていたのだが、深夜電話のベルが鳴ると、病弱だった母に何か急変が起こったのではないかと、一瞬胸を突かれる思いがした。しかし、心のどこかに母は私を残してそう簡単に死んだりしないだろうという思いが潜んでいた。ところが、母は風邪をこじらせて入院すると、一カ月もせずに簡単に息を引き取った。人間の命は儚《はかな》いものだということを改めて思い知らされた。

母が死んだ少し前に、明け方まで酒を呑んでいた友人が、私と別れて自宅に戻って間もなく急死したということがあった。私は帰宅して一眠りした後、言い忘れたことがあったことに気がついて、昼ころになって電話をすると、少し前に亡くなったと告げられた。私は唖然として電話を切った。このようなあっけない人の命については、それからも何度か遭遇している。

前の日に電話で、翌日会う約束を取りつけていた人が何時になっても、待ち合わせの場所に現れない。その人は約束を無断でホゴにするような人ではない。自宅にも携帯にも連絡がつかない。あきらめて自宅に戻ったのだが、その夜、同居の母上から電話で、突然倒れて病院に救急搬送されたのだが、亡くなったのだという連絡だった。このときも、言い知れぬ虚しさを感じた。

また、こんな例もある。その人はガンの患者で、朝元気そうに私と仕事の打合せをしたのに、深夜、容態が急変して亡くなったのである。

それらの極端な例ではなくとも、一週間前に食事した人が、急に亡くなったとか、暮れの忘年会で、カラオケ酒場をはしごした人が、夏には亡くなっていたということもある。みんな死ぬほどの年齢ではないのに、急病や事故で亡くなったのである。そのたびに人の命の儚《はかな》さを思い知るのだが、いい加減というか浅はかというか、私は命のはかなさを自分の死に直接重ねて考えたことはなかった。

仕事で、三十代の若年性のガン患者の女性をインタビューしたことがある。私が五十代のころである。桜の咲くレストランで待ち合わせたのだが、その人は案外元気そうに私には見えた。表情も明るく、辛い質問にも笑顔を絶やさず答えてくれた。

「来年は、私は桜の花は観られないでしょうね」

女性は明るい表情で言った。

私は、相手の胸中を思うと返す言葉もなかったが、私は余命半年などと告げられたら、とてもこんなに泰然自若としてはいられないだろうとそのとき思った。それでもなお、私は自分の死を身近な現実として考えてはいなかった。

ところが今の私は違う。死はすぐ隣にいることを強烈に意識するのである。今更、何も威張れた話ではない。八十五歳の老人が死を意識するのは当然の話である。

三十年前、三十代ガン患者の女性が「この桜を来年は観ることはできないでしょうね」と語った感慨を、この二、三年私も感じるようになったということである。

私の親しかった先輩たちはどういうわけか、享年は八十五歳前後である。まさに私はその年になったのである。八十代の半ばというのは、人生の一つの節目であるのかもしれない。何の根拠もないのだが、ここを無事に通りすぎると、何となく後、二、三年は寿命が延びそうな気がする。

死が身近になったことで、特別に人生観が変わったというわけでもない。ただ、死んだ後に残された人たちに迷惑をかけないようにしておこうと考える程度である。子供も一人だけで、貧乏作家のこと、遺産の相続に心を煩わせることもない。

死ぬことに恐怖もない。かつて死刑囚の原稿の代筆もしたが、死刑囚の感じる死の恐怖と、老人の死への恐怖はまったく別物である。むしろ、私は老人特有の厭世《えんせい》観で生きるのが面倒だなと感じることはある。

名も無き雑文作家の身の上で、この世に残さなければならない芸術作品というものがあるわけではない。

ただ不思議なもので、ただひたすら死に向かって行進を続けてきた我が人生を不思議な気持ちで振り返っている。間もなく死のゴールにたどり着こうとしているが、何とか息切れしないでここまで歩んできた。本当に我ながらご苦労さんだと思う。

八十五歳になる一カ月前にガラケーからスマホに乗り換えた。死が目前に迫っているのに何も今更という気がしたが、成り行きでそういうことになってしまった。使いこなせる前にあの世に行くのは確実だが、死ぬ直前まで、生きようとする前向きな意志を持つこともまた人間の一つの生き方だと考えている。

老人にとっての生きる目標

老人には先がないのは当然である。すなわち年老いてくれれば、未来へのビジョンや百年の計といった遠大な構想に無縁になるのは仕方がない。中には老人の身でライフワークに打ち込む人や、心身ともに劣化しているのに恋愛をしようと思っている老人もいる。しかしそういう例はごくごく稀に違いない。

考えてみるに、人生百歳時代とはいえ、老人には出世も革命も恋愛もあまりそぐわない。七十代で大統領選挙に立候補したりする人もいるが、さすがに八十代の老人が社会の表面に立って獅子奮迅、東奔西走するということはあまり聞いたことがない。

何しろ、気持ちは若く持っていても体が思うようにならない。私なども頭の上では、まだまたやれそうだと思ったりすることもある。ところが、実際に実行に移す段になって、心身ともにどうにもならない現実に突き当たって挫折してしまう。そのとき「ああ年だなあ」と虚しい絶望感に襲われるのである。

じっとしているときや寝ているときは体を使わないわけだから老化を忘れている。しかし実際には、やれそうだという思いは肉体的な老いの現実とは乖離《かいり》している。

頭でいろいろな空想をしている分には、あれもできそうだとか、あんなことは簡単にやれそうだとか考えている。しかし実際には体が動かないのだ。その思いが身にしみるとき、我が老いの深さを実感する。

あれもやりたい、これもやりたいと思いながら、現実には肉体的劣化のため、本当のところは無理な願望なのである。年老いたために何もかもできなくなってしまったという自覚ほど残酷なものはない。淋しさは限り無く深い。

しかし、この淋しさはもともと生老病死の四大苦の一つで、釈迦が何千年も前から説いていた教えだ。「老い」が苦しみの一つであることは真理であり、愚かな私がじたばたしても始まらない話だ。ただ、釈迦の炯眼《けいがん》に今更ながら感じ入るばかりである。

しからば老人は、ただぽつねんと座して死を待つだけかといえばそうでもあるまい。その証拠に、今、著名な学者や作家の老人向け人生論がベストセラーになっているではないか。その現象を見る限り、多くの老人は老いて後の生き方を模索しているのは確かなことである。

私は拙著や講演でも何度も述べていることがある。年老いての目標設定の時間割についてである。六十代では十年先、七十代では五年先、八十代では三年先、九十代では一年先、百歳は一カ月先に照準を定めて生きなさいということである。この区切り方に確かな理論的根拠はない。五十代のころから、多くの老人の取材を重ねてきて、その結果、何となくこの区切り方は老人の目標設定にふさわしい時間の長さではないかと感じたのである。

私は若いときから、目先のことに目を奪われて、遠い未来に対して展望するということは少なかった。百年の計を立てることなど考えも及ばなかった。むしろ八十歳辺りから、人生でやり残したことはないかとか、死ぬまでに何を処理しておかなければならないか、など、こもごも考えるようになった。

身辺のことを始末するのにも、二、三年はかかる。そんなことから前述のような区切り方について提言しているのである。

老人は、前述のように自分の将来に輝かしい未来を夢見ているということはほとんどないであろう。八十歳ではベンチャー企業を立ち上げるということは考えられない。学者や芸術家は死ぬまでに完成したい研究や、創作というライフワークがあるかもしれないが、世間一般の老人にはそのような遠大な目標というものはない。無いのが当然で、無いからといって、そのことを引け目に感ずることもない。

老人は許された範囲で何年か先を見つめて生きることで、立派な最期ではないかと私は思う。小さな話になるが、花を育て、巡りくる季節に大輪の花を咲かせることを生きる目標にしてもいい。もっと小さな話しになるが、幼い孫が小学校に入学するのを楽しみにして生きるということでもいい。

私は商売柄「自分史の書き方」についての講演や執筆を依頼されることがある。自分史というのは今風の言い方で、昔は「自叙伝」と呼んでいた。「自分史」というのは文字通り、自分自身の伝記である。

多くの人は、自分の子や孫に読ませたいというのが執筆の動機である。しかし本来は、自分史はこの世に生を受け、営々と歩んできた自分という一人の人間の実存の証明を記録として残すということである。まあしかし、そんな小難しい理屈はともかく「爺じいはこんな人生を歩んだのだ」という物語を、子や孫に残したいということでも立派な執筆の動機となる。

自分の存在の証明ということになれば、自分の歩んだ足跡だけではなく、父母のこと、祖父母のこと、さらには、遠い先祖のことから書き起こさなければならない。自己の実存の証明のために、我がルーツをたどることも大切な作業の一つである。

我が足跡のみならず、先祖のことまで書くとなると、完結するまでに相当な時間を要する。正味、ただ執筆するだけでも最短でも一年はかかる。私たちのような文章の職人でも、単行本一冊を書き上げるのに半年以上はかかる。ましてや文章を生業としていない人が書くのだから、長い時間を覚悟したほうがいい。加えて取材や調査に時間を費やせば、完結までに二年、三年はかかる。自分史を執筆するのは、老人の生きる目標としては上等な部類に入るだろう。

百歳へのライフプラン――「百歳志塾」のこと

令和元年、私の住む老人ホームがある伊豆高原（伊東市）の対島《たじま》地域に「百歳志塾」という高齢者を対象としたカルチャースクールが開校した。主宰者は「対島地域ふるさと協議会（略称ふる協）」である。

私はたまたま同協議会が主宰する「ふるさと俳句会」の講師を委託されたことから、事務局の有力発起人のMさんの知遇を得て、請われるままにいろいろと意見を述べている間にアドバイザーとしてその一翼を担うこととなった。浅学非才の身としては思いがけない抜てきで、名誉なことながら、己を知るにつけてもまことに恥じ入るばかりである。

考えてみると、これまでの半生を生活してきた東京の調布市や、神奈川県の相模原市の居住地では、地域の活動や町内会の仕事には無関心であり冷淡であった。お世話になっているのに、何の役にも立てずに引っ越してしまった。その悔恨は私の心の片隅にトゲのように刺さっている。その罪滅ぼしのような気持ちで、せめて終の住みかを与えていただいた地域のお役立ちたいものと大役をお引受けした。

開校した「百歳志塾」は、当初生徒が集まるかどうか心配していたが、全くの杞憂で、四十八人の応募者があってスタートした。

開校の意図は、人生百歳時代を迎えた現在、老人に前向きな生き方を学んでもらおうということである。一口にいえば「よく学びよく老いよ」という老人塾である。

四月開校で、翌年三月までおよそ二十以上のカリキュラムで授業が行われた。私も浅学の身ながら、二つばかり講座を持たせていただいた。

一つは「文学に見る生老病死」で、これは、当初医師にして作家の著名な講師に交渉したが、日程や講義料のことなどで折り合いがつかないために、急きょ私が代役として講義したのである。私は無名ではあるが、細々と現役で作家を続けており、他人の受け売りなら何とかなるだろうと臆面もなく引き受けたのである。有名俳優ではないが、名もない旅の一座のどさ回り役者程度の演技はできるだろうと自惚れての講義である。

二つ目の講義を引き受けたのは、私に「老人ナビ」という拙著があり、この一冊をテキストの一つとして採用いただいたことによるものである。演題は「百歳へのナビゲーション」というもので、らちもない話に貴重な時間を割いてもらい恐縮した。おまけに、話していて友人の臨終の場面を急に思い出し、不覚にも落涙して講義が一時中断するというおまけまで付いた。

著者の老人シリーズの一冊「老人ナビ」

私は二つの講義の他にもう一度登場している。最後に登場したのは、塾生の終了レポートの講評を仰せつかったのである。

「百歳志塾」一年間の授業終了に際し、

受講者に「百歳のライフプラン」というレポートの提出をお願いした。

この出題には、受講者から賛否両論の反響があった。「年寄りに百歳のライフプランなどあるわけがない」というのが、否定論の代表的なものだった。中には、出題の意図をつかみ切れないで苦労している人もいた。

四十八人でスタートした「志塾」は三十三人が終了証書を授与されたが、そのうち二十六人がレポートを提出している。

事前に事務局からレポートが私の元に届けられた。前述のように出題の意図がつかみ切れずに見当外れの物もあったが、それはそれなりに楽しく拝読させていただいた。また、レポートの形になっていないものがあったが、それもまた興味深く読ませていただいた。「百歳へのライフプラン」のレポートを読んで感じた率直な感想を述べてみたい。

⑴健康志向

老後を前向きに生きようとしたら当然ながら健康でなければならないのは自明の理である。朝の散歩、グランドゴルフ、スポーツジム、太極拳、健康食品、食生活への配慮など、積極的な対策を考えているひとが多かった。中にはお経を唱えたり、脳トレやプチ断食を実行している人もいる。

⑵一日一生

年老いて学ぶ心を持っている人だけに、健気な心意気を持っている。今日一日を充実して生きようという心根で毎日に向かい合っている。「一日一生」という言葉でその決心を表している。今日を充実して生きること、今日を精一杯生きることがより良い終末を迎えることができるという悟りの気持ちで毎日を生きている。

⑶配偶者への想い

自分が現在こうしていられるのは、配偶者のお陰だという感謝の心を持っている人が多かった。共に労《いたわ》り労られつつ生きていく老夫婦の絆が感じられた。夫より一日でも長く生きて夫を見送りたいという健気な妻もいる。

⑷ボランティア精神

さすが前向きに生きる塾生たち、老いてなお社会に役立ちたいという思いを持っている人が多い。これには大いに感心させられた。老いてなお最後のご奉公として社会に役立ちたいと考えているのである。今まで培ってきたキャリアを社会に還元していくことも老いの活力の一つとなっている。奉仕の対象は、自分の暮らす地域への奉仕がほとんどである。

⑸趣味に生きる

仕事をリタイアした高齢者は趣味に生きることも重要なライフプランである。受講者の趣味は多種多様である。ゴルフ、俳句、園芸、農耕、囲碁、書道、麻雀、盆栽、旅行、読書、音楽鑑賞、楽器演奏、旅行、水泳……、レポートのページをめくりながら拾い出してみてもバラエティに富んでいる。

⑹終末の推定年齢

百歳志塾なのに、塾生の考える終末の年齢は、現在の自分の年齢にプラス五、六年くらいを予測している。これは私にも覚えがあり、私も七十代半ばの年には、八十歳まで生きれば本望と考えていた。それなのに、あれよあれよという間もなく八十代も半ばになった。塾生の年齢は、私より年長者は一人だけで、後は同年輩か数歳年下の人たちである。中には一人だけ六十代の女性もいるが、ほとんどの人は七十代から八十代前半の人である。

百まで生きたいという人も一人いたし、九十六まで生きたいという人もいた。しかし、ほとんどが八十代の半ばを我が終末と考えている。控えめであるが、我が人生の終わりとして、その辺が納得しやすい年齢なのかもしれない。となると、八十五歳の私は、我が命の終わりは後一年前後ということになる。

(7)終末の演出――ラストソングや辞世の句

当然ながら誰もが大往生を願っている。ピンピンコロリの願望である。延命措置不要という人も何人かいた。我が終末は神に委ねると書いている人もいた。

終末の演出についてもレポートをしている人がいる。我が臨終のイメージも一つのロマンである。マイ・ラストソングを流してそれを聞きながらあの世に旅立つというのである。好きな絵を拡大してそれを観ながら死にたいという人もいた。辞世の句を毎年新年に書き換えたいという人もいた。

以上がレポートから得た大雑把な感想である。「百歳志塾」に入塾して何かを学ぼうという意志を持っている人は、老齢にして積極的に自分の人生を構築しようという気力のある人たちである。老いを正々堂々と受入れ、自分の生き方を紡ぎ出している。大いに共感させられた。

老いることの悲哀

老いることは避けることのできない宿命であるゆえに、老いの身に深い悲しみを抱かずにはいられない。みずみずしかった木の葉が季節が巡れば、落ち葉となって土に積もる。何の不思議もない自然現象である。季節が来て薔薇の木に薔薇が咲くのも何の不思議もない。

しかし、薔薇が咲くことと枯葉が散ることには雲泥の差である。薔薇には明日があり、落ち葉には明日はない。枯れる美しさは咲く美しさとは比べ物にならない。薔薇もいつかは枯れるのだが、薔薇の末路など考えて鑑賞する人はいない。落ち葉の末路は誰の目にも予測できる。清々しい少年の瞳を見て、少女の赤き唇を見て、その子らの老いを予測する人はいない。彼らにはまぎれもない明日がある。杖にすがって、風に吹かれて蹌踉《そうろう》と立つ老人には明日がない。

老いることによって容姿が醜く変容していく。老いることによって精神も劣化するが、必ずしも、容姿と精神の劣化が同一の速度で進行するとは限らない。容姿や肉体の劣化に比べて精神の劣化の速度が遅い場合もある。そうなると、枯れない心で枯れた我が身を見つめなければならない。心が枯れていないのに、容姿は老醜を極めている。それを自覚する自分。この悲しみは大きい。

《何て醜い顔に変わってしまったのだろう……》

老いない心で自分の老醜を認識しなければならない。不幸なことである。

老いたからといって、常時老いを意識して生活しているわけではない。我が老いを忘れているときがある。そんなとき、ふと、ある決心をすることがある。ところが、その決心は大それたことであったりする。そしてふと、そのことに気がつくのである。《この年でそんなことができるはずがないではないか》と反省する。高揚した思いが一瞬冷え冷えとした思いに変わる。明るい日向が寒々とした日陰に変わっていくような思いである。頭ではできると思っているのだが、残された時間の短さ、日々加速する肉体の劣化を思うとき、自分のやりたいことはとても無理だと気づくのである。これも深い悲しみである。

自分ではしっかり歩いているつもりである。よぼよぼしているつもりもない。それなのに、思わず不様によろけたりする。まるで魔法にでもかかったかの如く、地面に吸い込まれるように転げていることもある。なぜよろけたか、なぜ転んだか、自分で納得できなくても答えは明白である。理由は老いたためである。自分の体を自分で制御できないほどに肉体は劣化してしまったのである。無念だが致し方ない。

頭が劣化しても、心が劣化しない場合がある。頭も心も同一の脳の産物だが、対象を受け止める脳の部位が異なる。かつて難なく解決していたことが、脳や肉体的機能の劣化でできなくなっていることがある。そのことに気がつく感性だけは枯れていない。

《ああ、こんなことさえ解らなくなっている》と気がついたときの悲しみは大きい。全てを諦めのなかで達観してしまえばいいと考えることもあるが、そう考えることもまた深い悲しみを伴う。

若いとき、早く老成したいものと考えていた。背伸びして考え深そうなポーズを取ったこともある。若さの未熟を恥じたり嘆いたりしたこともある。今私にとって、青臭い未熟時代が悲哀を帯びた郷愁となっている。しかしもう一度若き日に戻りたいとは思わない。若い日に体験した苦悩の日々をもう一度体験するのは御免被りたい。しかし、若いときには苦悩の果てに光が射した。今、歩んでいる老いという道は、歩みを進めていくにしたがって、少しずつ暗さが濃くなっていく。老人は朝の来ない黄昏の道を、ひたすら歩み続けて行くのである。

老いることは人生の黄昏《たそがれ》どきを迎えたということでもある。行く手は、刻一刻と日が陰り、やがて暗黒の夜が口を開けて待っている。落日は美しいが、老いゆくことは美しくはない。老いを美しく彩るとはどういうことかと考えることがある。果たしてそんなものがあるだろうかと考える。そんな物はない。老いの美学など存在しない。老いは人生の敗残である。それを肯定すると、悲哀はより深く救い難いものになっていく。

否々《いやいや》、それでも老人たちよ、顔をあげ胸を張って生きていかねばならない。老いたりといえど、人間の尊厳は最後まで失ってはならないのである。

老いたところが誇りを失いたくないと思うこともまた老人の悲哀である。

酒にまつわる酔狂ばなし

私は呑兵衛《のんべえ》である。威張っているわけでもなければ自嘲しているわけでもない。

私の大酒呑みは事実である。酒は好きだし、酒に強い。不思議なことに八十歳過ぎても弱くならない。実際は若いときに比べたら弱くなっているのだろうが、老人ホームに入ってからはそのことを確かめるほど、徹底的に呑むような機会に出会っていない。

老人ホームの晩酌会や地域の集まりでも酒席に出ることはあっても、徹底的に呑むことはなくなった。酒席の相手も高齢者ばかりなので、二、三合の酒でみなさんしたたかに酩酊してしまう。それで切り上げてしまうのである。私も、もっと呑みたいという気持ちもない。そこが年をとってしまった証拠である。

仕事の打合せで上京したときなど、私よりは若い人と呑む機会はあるが、ほとんどが夕食を兼ねての酒で、徹底的に呑むということはない。相手も若いとはいえ、四十代、五十代の人で、遊ぶことが楽しいという年代でもない。二次会に誘われることも少なくなった。仮に誘われてもお断わりをする。いい気持ちに酔ったところでホテルに引き上げることになる。それで酒が弱くなっているのか、昔と変わっていないのか今のところ不明である。

泥酔して、どのように帰宅したか判らないという人もいる。私にはそんな経験はあまりない。全くないというわけではないが、酒人生六十年余の長い歳月の中で、若いときの二度ほどしかない。

今までで、我が人生で一番多量に酒を呑んだという記憶は一度ある。二十代前半のある日、これまた酒豪の男と徹底的に呑んだ日のことである。

最初にビール大瓶十二本、次いでウイスキーの角瓶を半分、さらに日本酒のお銚子二十四本である。

午後の二時ぐらいから呑み始め、午前一時ぐらいまでの時間だったような気がする。もちろん、記憶は曖昧である。さすがにこのときは三日酔いになったが、一緒に呑んだ男が私の介抱をしてくれたのだから、その男のほうが私より強かったのであろう。よく死ななかったものだと我ながら思い返すと寒々とする。これ以上に呑んだ記憶はない。

それ以後の酒人生で、これに近い呑み方はあったのだろうが、覚えていないところをみると、特別なトラブルもドラマもなかったのであろう。

酒によって失敗する人はいる。私も一度だけ、大金を落としたことがある。苦労して書き上げた書籍の印税、まるまる一冊分が内ポケットから消えてしまったのである。このときはさすがに青くなったが、自分では泥酔していたつもりはなかったので、今でも金の無くなり方に不思議な思いを持っている。

酔ってタクシーの中へ忘れ物をしたことはある。これも生涯で二度ほどで、一度は持ち帰りの寿司であり、二度目はカバンだった。カバンのときは玄関に入ってすぐに気がついた。やはり相当に酔っていたのか、不覚にもタクシー代の領収書をもらっていなかった。連絡をしようにも、乗ったタクシーの社名は思い出せなかった。重要なものといえば、クレジットカードだけだった。頼みの綱は玄関までタクシーを乗りつけたのでタクシーの運転手さんが気がついて届けてくれないだろうかなどと、虫のいいことを期待したが、もちろんそれはかなわなかった。すぐにクレジットカードの紛失届を出した。幸いなことに、カード以外に重要なものはカバンには入っていなかった。出てこなければ、それはそれで仕方がないと諦めていた。翌日の朝、中野警察から電話があってカバンが届いていると連絡を受けた。タクシーの運転手が届けてくれたらしい。この事件は、タクシーの運転手に薄謝を渡して一件落着した。

前の晩に仕事で徹夜をし、夕刻に酒を呑んで電車に乗り、爆睡してしまい、京王線の始発駅から終点まで眠ってしまったことがある。眠ったまま、終点と始発駅を何度か往復してしまい、せっかく夜の八時頃に帰宅の電車に乗り込んだのに、結局終電車になってしまったことがある。自分のことは棚に上げて、終点で起こしてくれなかった乗客を恨んだが、乗客は起こしたものの、私が目が覚めなかったのかもしれない。

酔って電車を乗り過ごしたことは何度かある。神田駅で中央線に乗り、気がつくと山梨県の見知らぬ町だったことがある。宿を探す気力もなく、と、いってタクシーで帰っても無駄だと、始発駅まで駅の待合室でまんじりともしないで始発電車の動くのを待った。あれはみじめな夜だった。そんな遠いところではなく、割に近い所への乗り過ごしで無駄なタクシー代を払ったことは何度かある。

酒にはやはり大小の失敗は付き物だが、私の場合、失敗とはいうものの、我が人生に禍根を残すほどの失敗ではなかった。

酒を呑んで人格が変わる人がいる。私は愉快になるだけで、特別人格が変わったりはしていないと思う。私の場合、前述したように酒で記憶を失ったことはほとんどない。そういうわけで、失敗を酒のせいにするわけにはいかない。酒の上のことはほとんど覚えている。逆に困るのは、酒の相手が記憶を失うことだ。呑んで交わした約束をすっかり忘れていたりする。これには困る。私は酒席のことをほとんど記憶している。

呑んでも記憶がはっきりしているゆえに、酔って女の人に不埒な振る舞いをしたり、失礼なことを言ったりしたことはない。ただ、酔って気が大きくなったり、理性のタガが少し緩んで、素面《しらふ》なら言えないことを言ったりすることはある。酔ってのこととはいえ、相手を傷つけたり、自慢げな話などをしたときは、酔っての行動を記憶しているだけに、酔いが覚めたあと後悔したり自己嫌悪を感じたりすることはある。

呑兵衛の私にはたくさんの呑み友達がいる。中には酒癖の悪い人もいる。人格の急変する人だ。普段は仏のような人が、ねちねちと絡んできたり、喧嘩を吹きかけてくる。最初はそのために関係が悪化したことがあるが、この人は呑むと人格が変わる人だと肝に銘じてからは、酒の切り上げ時や、相手の酔いの変化を察知して、人格の変容をうまくなだめる方法も判ってきた。

酒癖の悪い人とつき合ってみての感想だが、酒を呑んで人格が変わるのはアルコール依存症の初期段階ではないかと感じることがある。酒浸りの毎日が人格を歪めてしまうのではないかと私は思う。酒浸りになるのは、酒の魔力に取り憑かれるという性格の弱さもあるが、やはり何らかの外的要因のためである。

私の経験では酒浸りの要因は、倒産、失恋、地位や立場からの失墜、妻の急逝、未来への絶望、仕事のストレス……、などから、つい酒浸りになり、やがて、人格の変容ということになるのだ。

何かの原因によって精神が鬱屈し、酒を浴びているうちに誰かに自分の陰鬱な感情を叩きつけたくなるのである。普段は温厚で知的な人が、酒が入るとならず者のようになってしまうのである。自分の苦悩が、人に理解されない悲しみ、自分より幸せな人に対する嫉妬、自分はだめな奴だと自分を追い詰める思考方法が、酒の魔力によって狂ってくると、信じられない行動を取ってしまうのだ。ある意味で、自分や他人に甘ったれた精神構造だが、酒の魔力でそのことが判らなくなってしまうのである。

夕暮れ時になると酒が恋しくなる自分に、時にアルコール中毒かなと心配になることがあるが、風邪を引いたりすると酒を呑みたいと思わなくなるし、病院に入院したときなど十日も半月も酒を呑みたいと思わないので、まあ、中毒にはなっていないなと安心する。

昔、アル中の作家との交遊があったが、この人が入院したときお見舞にいったら、ベッドの下から、酒瓶を取り出し私をもてなしたのにはびっくり仰天した。この人はアル中が高じて、猿の軍団に狙われていると信じ込み、幻覚の敵に向かって独り孤軍奮闘した。間もなく狂い死にのように病院で果てた。

私も若いとき鬱屈して酒浸りの日を送ったことがあるが、生来の酒豪のためかアル中にならずに今に至っている。

ただ、肝臓は相当に悪くなっている。健康診断のたびに数値が悪いことを指摘される。それでも酒を控えようとは思わない。自棄《やけ》を起こして言っているわけではない。正直なところ酒の呑める人生を有難いと思っているのだ。酒を浴びながら八十五歳まで生き長らえることができた。おそらく私は酒のために人生で失ったものが沢山あったに違いないが、おめでたいことに、私はそのことに気がついていないし、後悔もしていない。

私がこれでこの世を終えるなら、恥ずかしいことながら、まさに酔生夢死である。

俳句オタクの周辺

僭越にも現在、句会の講師などをお引受けしているが私は俳人ではない。私は無名の雑文作家であり、八十五歳の老いぼれでいまだに細々と作家業を続けている。俳人ではないが、私の句歴は約七十年である。いわば私の生涯は俳句オタクで終わる。

母も伯父も俳句結社「みちのく」の同人であった。伯父が訪ねてきて母と俳句談義をしているのを、子供心に聞いて育った。以前、刊行した拙著にも書いたことがあるが、たまたま伯父が来宅しているときに、私は子供新聞に載っていた入選句を伯父に示した。

《春の朝鳴きつつ豚は売られ行く》

私はげらげら笑いながら伯父に新聞を手渡した。

その時、子供心にその俳句は何とも滑稽に思われた。それで笑ったのである。豚が鳴きながらトラックに積み込まれる風景が、子供の私にはユーモラスに思われたのである。ところが伯父はそんな私をとがめるような目付きで見て「なかなかいい俳句だよ」と言った。今になって思えば春の朝の哀感がにじむ子供俳句の名句である。

浅はかな私は、そのとき、これがいい俳句なら俳句なんて簡単なものだと考えた。私はすぐにこの俳句の模倣で俳句を作った。

《春の朝納豆売りが町を行く》

子供心に、豚よりは納豆売りのほうがいいのではないかと思ったのである。後日、伯父にこの俳句を見せたが、伯父は鼻先で「フン」と笑って、良いとも悪いとも言わなかった。豚のときはほめたのに、納豆売りでは何も言わないことに私は不満だったが、今にして思えば、鳴きつつ売られ行く豚の俳句は私の納豆売りの俳句より一段と上である。

その頃から私は俳句作りを始めたのだが、それが戦前か戦後かの記憶がもう一つはっきりしない。戦時中に豚が売られたりするものかどうか、それも判らないし、春の朝という季語は戦時にはふさわしくない感じもする。また、私の子供時代の俳句の中に兵隊さんの句が一つもないところをみると、やはり、私の俳句のスタートは戦後で、十歳か十一歳ではないかと思われる。
母の俳句は、何冊かの句帳が手元に残されているので作品を検証できるが、伯父の俳句は、昔、俳誌「みちのく」に掲載された作品を私が記憶しているものだけである。その記憶も確かかどうか自信がない。伯父の本名は常三郎といったが、俳句では「かんの恒二郎」を名乗っていた。母の本名は勝子だが、姓名判断で良くないと占われ、日常的に由季子と名乗っていた。俳句の雅号も由季子であった。

かん酒と赤く灯して雪つもる　恒二郎
どてら着た藁《わら》の円座の主無聊《ぶりよう》　恒二郎
沈丁の草炉に孤高持して老ゆ　恒二郎
青蔦のおよびともない聖十字　恒二郎
誰彼の嫁ぐ噂や桜餅　由季子
見返りてまだ去りがたき花の道　由季子
淋しさに慣れて一人の端居かな　由季子

母となりてなお母恋し夜半の虫　由季子
木の葉髪人の幸せうらやまず　由季子
佗助や幸せ薄きひとを訪ふ　由季子

伯父と母の俳句を私の記憶の中から書き出してみた。あえて資料なども開いて見ることをしなかった。記憶に残っているということは、それなりに、私に句的感動を与えたものと考えて、正確さより私の記憶のほうを優先した。

伯父と母が俳句を作っていたために、子供の私も俳句へ興味を抱いたのである。まだ、言語と文芸について考えるほどの年齢ではない。まったく天真爛漫の子供時代である。

子供の頃の自作の俳句を幾つかは記憶しているが、当然ながら、まことに未熟でお恥ずかしい。一方、子供の頃は物を見る目はストレートで夢があるとも思う。


鯉のぼり鯉になれずに見上げてる　（小六？）

たんぽぽのわたげに乗って飛びたいよ（小五？）

友が去る道にさみだれ降り続き　（中一？）

確かに私が作った俳句ばかりである。正直なところ、読み返して、本当は懐かしいというより恥ずかしい。中学に入ると私は、俳句より詩に興味を持って、俳句の雑記帳に詩を書くことが多くなった。高校に入学する頃に現代詩に目覚めたが、中学の頃は甘い叙情詩を書いていた。そのためか、小学生時代の二年間の俳句の数より中学で三年間に書いた俳句の数が少ない。その代わり、詩まがいの言葉を綴ったり、少女小説まがいの小説を書いている。

中学生の頃、吉屋信子の少女小説集「花物語」を愛読してすぐ模倣の小説を書いた。花物語の小説の内容は忘れたが、一つの物語に一つの花が絡んだ小説だった。私は当時ヒットしていた童謡の「蜜柑の花咲く丘」にヒントを得て少年と少女の淡い初恋物語を書いた。私が少年時代を過ごしたのは岩手県の内陸で「蜜柑の花」など、実際には見たことなどないのだが、図々しくも一編の小説に仕立てた。まさかあれから七十年を経て、蜜柑の花咲く里の伊豆高原に暮らすことになるとは思わなかった。

中学三年の私のクラスでは、文化祭（学芸会）でシェークスピアの「ヴェニスの商人」をオペラ仕立てで発表した。その時の歌詞は私が担当し、ストーリーに沿って作詞した。作曲は音楽教師に依頼したが、この教師は優れた才能の持ち主で、今口ずさんでも名曲だと思う。佐川卓先生といったが、ご存命なら百歳をこえているはずだ。

フィナーレの歌詞は今でも暗記している。

正しきものの前に伏す　夢破れしシャイロック
あがる歓喜に明るい光り　水のヴェニスに満ちあふれ
友情乗せたゴンドラに　金色映えて波静か

中学三年のヘボ文学少年の作詞であるが、嫌らしいほどにませている。二、三年前まで老人の集まるクラス会でも、この歌はうたわれていた。

私の高校の頃は、母の句と伯父の句が円熟していたときで、私は夏冬の帰省のたびに刺激を受けて、割に本格的に句作に励むようになった。私の俳句も青臭いがそれなりに俳句の体を成してきている。中には私の句集に収録したものある。

手まりつく子の靴白く夕焼ける（十五歳）
運命のシグナル赤きカンナ燃ゆ（十六歳）
蚊遣り焚く母に憂いのあるらしく（十七歳）
母と子が久しく逢いて遠花火（十七歳）
街娼の胸に刺されぬ秋桜（十九歳）
実らざる少年の恋春寒し（十九歳・叙情句集「言葉の水彩画」に収録）

そんな俳句を作っている頃、実は私の身辺は風雲急を告げている頃で、私の人生の波乱の季節の幕開きであった。実際はそんな叙情句を作っていることなどできないほど追い詰められていた時代だった。学生運動に挫折した二十歳過ぎから数年間は、私の無頼放蕩の時代である。その頃の何年間は創作活動といえば、ノートに殴りつけるように書く詩とも呪文ともつかぬモノローグだった。俳句はほとんど書いていないが、その中で《ダザイスト間抜けの顔や桜桃忌》という俳句を覚えている。

私は左翼的運動にのめり込みながら、ひそかに太宰治を愛読していた。その我が欺瞞性を十七文字に託した自嘲の句である。それから数十年経って《嘘つきの生涯かなし太宰の忌》（句集収録）という俳句を作った。その句もまた、我が人生の欺瞞を自嘲しての句といえるかもしれない。

私はその後、せっかく入社した出版社を中途退社して、覚悟の定まらないままに物書きの世界に足を踏み入れた。周囲には、私は気取って本格的な作家修行のため…というようなポーズを示していたが、実はその頃内職の原稿書きの仕事に追われていた。フリーになったのは、作家修行というより目先の金銭に目がくらんでの独立だった。

物書きの仕事についてから、俳句は年に数えるほどしか作らなくなっていた。知人、友人の中に俳人もいたし、俳句の専門出版社の社長の知己を得て仕事も手伝ったりしていた。その人たちと酒席を共にすると、よく即興で俳句を作った。それは酒の上のゲームのような感覚での発句だった。酒席で即興に作る俳句であるから、ほとんどが駄句であるが、中には名句と自画自賛したいような俳句もできた。

当時、交遊のあった一人は、日産自動車のＰＲ誌「くるまの手帳」の編集長であるAさんであった。私が酒席で俳句についてうんちくを傾けたら、興味を示されて、俳句のように季語を入れた短い詩を書いてみないかと依頼された。私は仕事としてそれを引き受けた。ＰＲ誌は確か季刊誌で、季語を使って書く小品はＰＲ誌の性格に適していた。連載を始めると思いがけず好評で、三年七カ月に渡って連載した。連載が終わった後、連載中からの愛読者だったYさんが自分が編集長をしていた三交社で単行本にしていただいた。この時の出版が私の本名で刊行した拙著の処女出版である。令和二年に刊行した私の句集「言葉の水彩画」は、このときの連載の通しタイトルを拝借したものである。

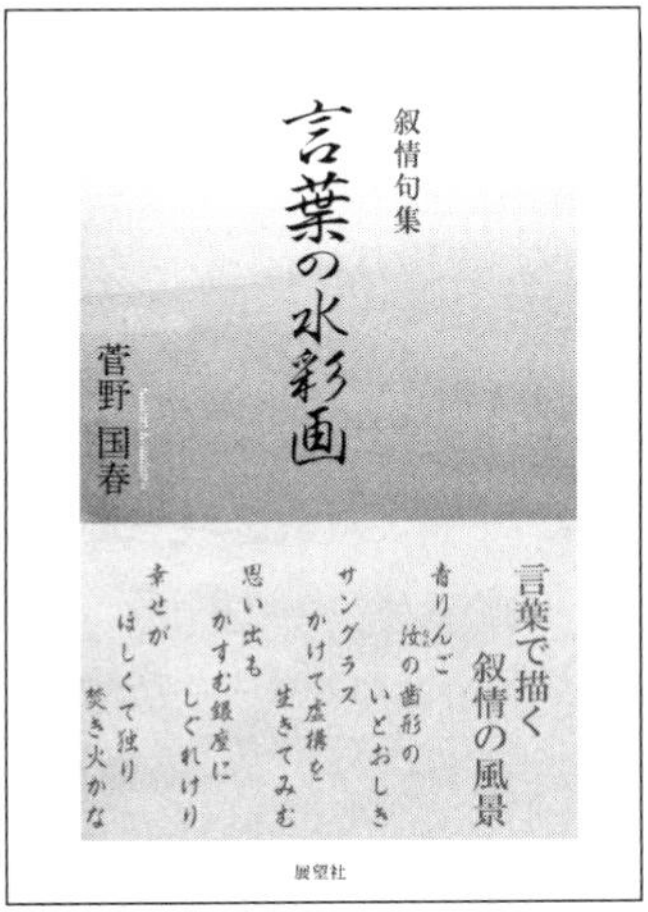

著者の初めての句集「言葉の水彩画」

　季語を用いた言葉の遊びの連載は、俳人の知人たちにも注目され、当時、俳句結社への入会の誘いを受けたが私はついにどの結社にも入らなかった。ゲストで句会に何度か参加したが、特別に俳句の才能が花開いたわけでもなく、むしろ句会に出て、会員の俳句に接すると、自分の俳句は異端のような気がして居心地が悪かった。現実的に仕事も忙しく、「俳句ではメシが食えないからな」などと負け惜しみを呟きつつ、しかし、俳句への興味も捨てがたく、未練げに俳句に秋波《しゅうは》を送りながら過ごしていた。

その頃、ふと考えたのは、雑文書きの仕事をリタイアしたら、老後は俳句か盆栽を年寄りの趣味としてやってみたいということだった。

ついに、その日がやってきたのである。七十七歳で老人ホームに入居することになったのである。私は早速、リタイアしたら入ろうと思っていた句会と麻雀、カラオケの会に入会した。老人ホームに入っても、物書きの仕事は半ば引きずっていたが、仕事の量は半分ほどに減らしていた。生まれて初めて俳句オタクの私が表舞台の句会に入会したのである。句会の名前は「ゆうゆう句会」である。老人ホームの名前が「ゆうゆうの里」であるから、当然ホームの名前を句会の名称にも使っていたわけである。

私が入会したときは、ベテランの先輩を含めて多数の会員がいたが、一年、二年と経つうちに老齢のため、一人欠け、二人欠けとメンバーの脱会者が重なって、せっかく入会したのに、ついに休会することになってしまった。当時「ゆうゆう句会」

には、伊豆の俳人で女性のＫＮさんが講師として通っていたが、月謝も払えなくなり、結局散会したのである。

半年ほど経って残されたメンバー数人で、私が世話人となって再スタートすることになった。二年余り細々と続けていたのだが、講師だった俳人のＫＮさんが、老人ホーム「ゆうゆうの里」に入居してきた。ＫＮさんは、今度は講師ではなく仲間として参加することになった。これで再び本格的な句会の体を成してきたのだが、メンバーの集まりは相変わらず悪かった。どうやらかつての私のように、巷には俳句オタクの人が多く、みなさん俳句に興味を持っているのだが、句会に入るのには

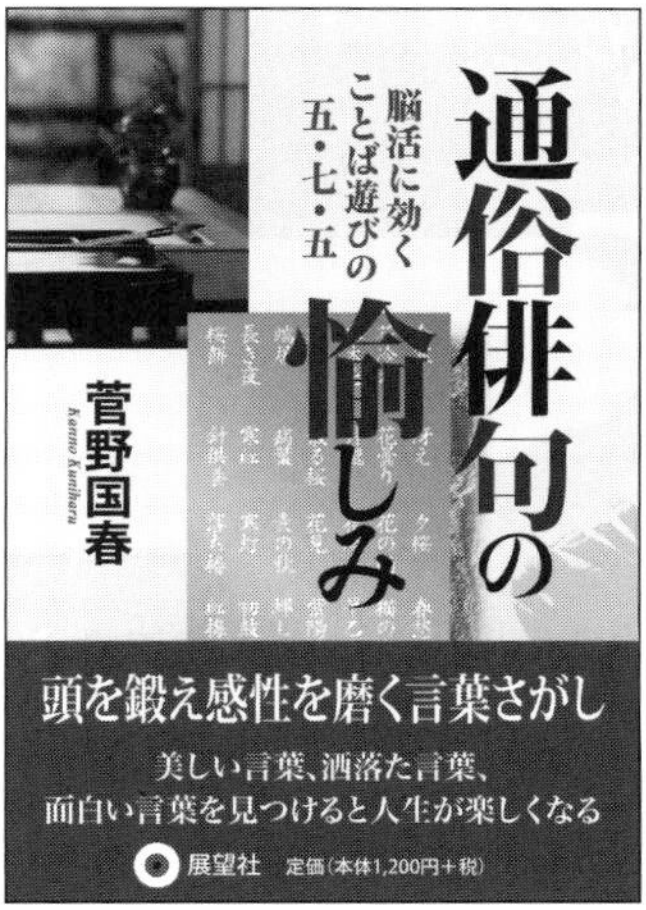

俳句雑話の「通俗俳句の愉しみ」

俳句の入門書「心に火をつけるボケ除け俳句」

抵抗があるのだ。

平成の終わりに前述した「ふる協」の事務局長のMさんが句会を立ち上げたいと考えていた時期に私は知己を得た。その二年ほど前に、私は俳句に関する著作を二冊ほど刊行している。「通俗俳句の愉しみ」「ボケ除け俳句」の二冊である。俳人としての立場で書いたのではなく、物書き（俳句オタク）の視点で俳句を論じたのである。その一冊の「ボケ除け俳句」を句会のテキストに採用していただいたことから講師を引き受けることになった。メンバーは令和二年四月現在、会員は十五名で、句会としては大所帯の人数である。俳句オタク七十年の我が身が俳句の講師とは感無量である。

令和元年の十二月に前述した処女出版の詞集を題名に冠した処女句集「言葉の水彩画」を刊行した。収録した俳句は、俳句オタクの我が生涯の句作から収録したのだが、後で調べてみると、ほとんどがこの十年くらいに作ったものだった。

コロナウィルスという国難

正直な感想としては、自分の生きている間にこのような国難に出遭うとは思ってもみなかった。老人ホームの大先輩であるTさんは「コロナより爆弾が落ちてくるほうが怖かったな」と言ったが、私は東北の片田舎に暮らしていたので、爆弾の恐怖を知らずに終戦を迎えた。戦火に直接さらされた人は、確かにコロナより銃弾や爆弾のほうが恐ろしいに違いない。しかし平和な人の世を突如として攪乱し、病気や死の不安に陥いれる伝染病の蔓延は人類にとって恐怖以外の何物でもない。確かに人類の歴史は、戦争と伝染病に彩られているといっても過言ではない。

戦争は誤算や暴発ということもあるにしろ、戦争は人間の意思によって引き起こされる。戦争の悲惨さは歴然とした人間の思考の産物であり、はっきりした因果関係がある。

伝染病は人間の悪意も野心も関係がなく、平和に暮らしている人類に突如として襲いかかる。もっとも、コロナは細菌兵器の研究中に誤って菌を漏出させたのではないかという説もささやかれている。こうなると、コロナという伝染病の悲惨も、戦争同様人間の意思の産物ということになる。もしそれが事実なら、英知と愚劣はまさに紙一重だ。

医学が科学として確立されてから、人類は伝染病との闘いに明け暮れてきたといってもいいだろう。ペスト、天然痘、スペイン風邪、結核、エボラ、サーズ、マーズ、インフルエンザなど、思いつくままに列挙してみても、人類は何と恐ろしい感染症の襲撃を受けてきたことか。この中の幾つかの感染症は、この何十年間かの間に流行しており、私たちは常時危険にさらされてきたわけだ。私がたまたま、危険なウィルスにかかることなく馬齢を重ねることができたのはまったくの幸運としか言い様がない。

インフルエンザにかかった知人は周囲にたくさんいる。私たちの周囲にはインフルエンザのウィルスがいつもうようよしているのだ。現にこの私も、高熱を発症したときインフルエンザの疑いで検査を受けたことがある。幸いにして陰性だったが、仮に陽性だったとしても何の不思議もなかったわけだ。

結核という病気は、私の子供の頃には死の病として恐れられていた。私の家系も結核家系で、母も伯父も結核患者で長い療養生活を送っていた。母は胸郭成形で肋骨を何本か切除していた。昔は結核を治癒させるためには冒された肺を切除するしかなかったのだ。

やがて、結核の治療薬が発売されて結核患者が激減した。治療薬のおかげで、結核家系の私もこの歳まで長らえることができたと思っている。

母が療養生活をしている頃の俳句に《新薬のニュース嬉しい今朝の春》というのがある。長い療養生活を続けていた母にとっては、新薬の発表は心の底から嬉しいニュースだったのは当然である。

かつての日本では、はしか（麻疹）は国民病みたいなものだった。ほとんどの人が体験している。私も妻も娘も幼いときにはしかにかかっている。新撰組の小説を書いたとき、沖田総司がはしかで生死の境をさまよったことを知った。その頃、江戸ではしかが大流行し、死者が続出したと記録に残っている。幸いにして若い沖田は抵抗力があって死の縁から這い上がってきた。しかし、その沖田が数年後に結核で死んだのだから皮肉である。

令和二年五月現在、新型コロナには本当に迷惑している。相手がウィルスでは怒ってみても、抗議をしても始まらない。予定していた二本の講演を断り、仕事の打合せで上京することになっていた予定も二回取り消した。そのたびにホテルにキャンセルの電話を入れたり、逢いたいと思っていた人との約束も取り消さなければならなかった。五月の連休中に訪ねてくることになっていた客人のためのホテルも、予約のレストランも取り消した。地元でのささやかな俳句会も、仲間たちと楽しみにしていたカラオケも麻雀もみんなお流れである。他県から老人ホームへ訪ねてくる人もシャットアウトである。当然ながら東京に住んでいる娘も老人ホームを訪ねることを許されない。

私の住んでいるのは老人ホームだが、感心するのは危機管理が徹底していることだ。コロナの流行の兆しに接するや、すぐにアスレチックジム、サークル活動などが閉鎖され、住民の各種会合などが禁止された。食堂のテーブルは対面にならないよう並べ替えた。外出の際のマスク装着はことあるごとに呼びかけている。

住居者が東京など外部に出かける人は帰ってきてから二週間、自室から出ることを禁止される。事実上の隔離である。これはまことに当然の措置である。ホームはある意味で孤島や船などと同じで、一人罹患すると一網打尽のごとく感染が広がってしまう。病院の院内感染と同じような結果を招く。住民は高齢者ばかりだからコロナは特に危険である。過去にホーム内でインフルエンザの患者が出たことがあった。施設は感染が広がらないように素早く処置してきた。見事な危機管理である。

それにしても、コロナで命を落とした人には残酷な話だが、愛する家族にも親しい人にも看取ってもらえないばかりか、遺族は臨終にも立ち会えないのである。遺骨になって戻されるだけである。たとえ目の前の病院であっても、遺族は立ち会うことも別れの手を握ることさえ許されない。このような残酷な死を、コメディアンの志村けんさんも女優の岡江久美子さんも迎えた。

コロナ患者ではないのに、院内感染を恐れる病院は外部からの面会を一切許さないというケースもある。あるケースでは夫の手術後、面会をしようと病院に出かけた妻は門前払いとなった。世界中が人間関係の断絶の危機にさらされている。疑心暗鬼が広がっている。「人を見たら泥棒と思え」ということわざがあるが、今や「人を見たらコロナ患者と思え」ということだ。コロナは肉体だけではなく人心さえも冒す。

コロナ離婚が取り沙汰されている。コロナで自宅に閉じこもる人の人心荒廃で、夫婦仲が険悪となり、家庭内暴力や離婚が頻発しているのだという。コロナに人の心があるわけはないが、もしコロナが人間社会に何らかの復讐を企てていたのだとしたら、まさに思うつぼである。コロナの不気味な高笑いが聞こえてきそうな気がする。

刻一刻と広がるコロナの魔手。いろいろな人が声を上げている。その声の中には日本の英知とも呼ぶべき学者たちの提言もある。この提言によってコロナとの闘いに勝利することができるかもしれない、と民衆は期待する。

しかし、時の為政者はなぜかそのような声に耳を傾けようとしない。一向に行動に着手しようとはしない。どうやら政治には思惑というものがあるらしい。その思惑について何の説明もない。政府の思惑など衆愚が理解できるはずがない。

愚かな人間でも判ることは、コロナに勝つためには人の動きを完全に止めてしまうことの有効性である。しかし、それは日本の法律ではできないということだ。ならば、法律を作ればいい。そのための立法府ではないか、と衆愚は思う。

法律で外出を禁止し、完全に人の動きを止めてしまえば感染症は終息する。そのために経済活動は停止し収入を失う人が出てくる。そういう人たちには七十パーセントの生活の補償をするのは政府の責任だ。その財源をひねり出すのがリーダーではないか。

法律で人の動きを止めてしまえば、一カ月も経ずしてコロナは終息する。コロナを封じ込めてしまえば、いくらでも経済の再建は可能である。戦後の焼け跡から復興した日本の力を世界に見せてやる時ではないか。

コロナとの闘いのために全ての政治生命をかけるというリーダーはいないのか？と、愚かな民は思う。

平和のときの政治は容易である。危機に直面したときにこそリーダーの真価が試される。我が身を犠牲にしても国民を守ろうとする政治家こそが真のリーダーである。パフォーマンスは要らない。人気取りは要らない。英断、決断、国民のために死すという覚悟のリーダーこそがウィルスに勝てる人だ、と愚かな民は考えるのである。

そういうリーダーが不在の国に生まれた民衆は不幸である。

ああ古里《ふるさと》よ

物書き生活六十年の間に、故郷《ふるさと》のことは何度も書いてきた。何度書いても、どうせ同じような話になるのだが、何度書いても書き足りない思いが残る。故郷に対しては、思いあふれるという感じなのかもしれない。

私は、十六歳で故郷を出て、八十五歳の今に至るまで異郷で暮らした。人生の大半を他国で暮らしたのに、心のどこかに故郷への想いを引きずっているのだ。人間の心の不思議さを今さらながらに感じる。

物書きになる前は雑誌記者をしていたので、日本全国を取材で旅をすることが多かった。訪ねる先は、まったく見知らぬ土地なのに、故郷の風景に似た風景に出会うことがある。一瞬、胸を締めつけられるような感動を覚えてその場に立ちつくす。私の突然の変化をいぶかしく思った同行のカメラマンに「どうかしましたか？」と訊かれたことがある。まさか涙はこぼしてはいないが、私はただならぬ目の色で立ちつくしていたのに違いない。よくよく見れば、似ているといったところで、山あり川あり、田園ありというありふれた風景である。そのどこかに私の心は揺さぶられたのである。

私が故郷を出ることになった経緯には幾つかの理由がある。一つは、母が肺結核で長期入院をしていたこと。二つ目は私を育ててくれた祖母が老齢になり、伯父のもとに引き取られていったこと。そのとき、私は高校一年だったが、母は私が一人で暮すことを危惧したことである。

その頃、義理の伯父（母の姉の夫）は東京の下町で手広く塗装工業を営んでいた。伯父のもとに身を寄せて東京の高校に通うというのが一つの選択肢だった。その他にも幾つかの方法があったのだが私は上京の道を選んだ。

私のそのときの胸中は、半分は故郷を出なければならない失意であり、半分はまだ見ぬ都会への憧れが交錯していた。それでも母や友人たちに送られて故郷の駅を立つときは万感こもごも胸に迫るものがあった。

当時の汽車は蒸気機関車で、今の新幹線からは想像もつかない。上野に着くのに十時間以上もかかった。今、故郷の駅である「水沢江刺」は東京駅から東北新幹線で三時間足らずである。東京を発てば、あっという間に故郷である。

今は故郷は海山はるかという気がしない。その気になれば日帰りだって故郷に帰ることができる。それに比して、私が少年時代に上京したときは、離郷は海山はるかという想いがしみじみと胸にこみあげたものである。

その後も、母は死病を乗り越えて田舎で暮らしていた。私は、短いときは、一年の間に夏と冬に帰郷していた。長くても二年に一回は帰省していた。故郷は遠いといっても何時でも帰れる場所だった。

母が死んだときは私は四十代の前半だったが、その時、一瞬故郷は遠くなったような気がした。故郷と私を繋いでいたのは母であったのかと思った。しかし、母の死の悲しみが癒えるにしたがって故郷は再び、私にとって懐かしい場所となった。

望郷の想いが強く意識されるのは岩手の高校の野球チームが甲子園に出場するときである。東京の調布市や神奈川県の相模原市に住んでいるときには、それなりに地元のチームに声援を贈るが、岩手のチームに比べるとやや高揚した気持ちは小さい気がする。どういうわけか甲子園は望郷の想いが沸とうし心は熱くなる。奇妙な心理である。

数年前に故郷を訪ねたとき、幼少のときに住んでいた家を訪ねてみた。跡形もなくなっていると思っていたのに建物が残っていた。私はその家で終戦を迎えた。恐らく私が暮らしていた建物は築百年にはなっているはずだ。記憶を便りに家の周辺を散策してみた。庭先にあった柿の木は見当たらなかった。庭には小屋のような物が建てられており、記憶に残っている庭ではなかった。

荒れた家には今は誰も住んでいるふうには見えなかった。使われなくなった家は物置にでもなっているのか、荒れるにまかせたままだった。川に面した縁側で独り遊んでいた自分の姿を思い出した。飛んでいって閉じられている雨戸を開けてみたい衝動にかられた。私はこの家で少年時代を過ごし、この家から上京した。借家だったこの家は、私が上京して、無人になり、間もなく大家のもとに返還されたはずである。

故郷の姿は日々に変貌していく。故郷に留まっている人たちには変貌の街はごく自然に新しい姿に塗り替えられているのだろうが、故郷を離れた者にとっては、故郷の姿は、あの日あの時のままに心の中に温存されているのである。

私が釣りをしたり、土手の草むらで昼寝をした川原や、孤独なそぞろ歩きをした川辺りの道は護岸工事ですっかり別な姿に変貌してしまった。私が住んでいた頃の故郷の町全体が変わってしまった。友達の家も多くは建て替えられたりしてその姿を留めていない。

母が新しく建てた家は、母亡き後、地元の人に売却したが、訪ねてみると跡形もなくなっていて新しい家が建てられていた。

祖母の眠る墓地も、跡取りの従兄弟の手で「菅野家代々の墓」という御影石の墓に建て替えられていた。何もかも時間の流れと共に変貌していく。

幼なじみの友だちの中には私と同様に長寿の人もいて、会えば一献傾けたり、旧交をあたためたりする。もちろん、思い出の故郷、私の追憶の中に住む幼なじみの顔ではない。彼らは皆、今や白髪老顔の翁嫗《おきなおうな》である。意地悪されたり仲良く遊んだりした紅顔の少年少女の面影を探すすべもない。私も彼らも、共に人生の荒波を乗り越えて何十年という歳月を生きてきたのだ。

ほとんど上野駅に出かけることもなくなったが、私が上京して降り立った駅は上野駅である。今は新幹線は上野ではなく東京駅が始発駅である。数十年前まで、上野といえば東北の玄関口であった。石川啄木の《ふるさとの訛なつかし停車場のひとごみの中にそを聴きにゆく》という歌の「停車場」は上野駅に違いない。

昔、上野駅に行くと懐かしい東北訛を聴くことができた。今は岩手といえど若者はほとんど標準語である。四十年前頃、帰郷したとき若者にふるさと訛で物を尋ねたのだが標準語の返事が返ってきた。そのときすでに故郷が違った顔をしており、私は戸惑った。

遠い昔、上野駅は故郷を出た者にとって郷愁の駅だった。「ああ上野駅」という演歌の名曲がある。集団就職の少年たちの哀感と郷愁をうたった歌である。《上野はおいらの心の駅だ》という一行がある。まさに、上野は心の駅だった。

駅といえば、私の故郷「江刺」（現奥州市）にはかつて鉄道の駅がなかった。私が故郷を出たときは、まだ市政は敷かれておらず江刺郡であった。江刺郡の岩谷堂町で私は生まれて育った。後年、江刺市となり、やがて隣の水沢市と合併して奥州市と地名が変わった。江刺市になったとき、鉄道の通っていない市としてクイズ番組に取り上げられたりした。私が上京するときは、岩谷堂の中町にあるバス停からバスに乗って水沢駅に出た。これまた演歌の話だが「柿木坂の家」という歌がある。この歌詞の中に《柿木坂は駅まで三里、乗り合いバスの悲しい別れ》という一行がある。岩谷堂から水沢駅まで四里である。私は乗り合いバスの停留所で何人かの人に見送られ、水沢駅でまた何人かの人に見送られたのだ。私がバスに乗り込んだときのバスの停留所は今は跡形もない。

思い出は他愛のないことばかりだが、私は他愛のない思い出を七十年近く引きずって生きているのである。それが故郷というものだ。
五、六年前、奥州市の江刺ホテルに泊まった。朝、窓のカーテンを開けると、小さいときに目にした山が見えた。町はすっかり変貌しているのに山だけは昔のままだった。取り立てて名山というわけでもない、小さな山の姿に私は何時までも見とれていた。山の名は間違っているかもしれないが「はやちねさん」といった気がするが、しかし「早池峰山」なら名山である。私が幼いときに見た山を早池峰山と記憶しているのは間違っているかもしれない。調べれば分かることだが、あえて調べずに原稿を書いている。私の記憶に残っているそのままを綴ることが故郷への讃歌でありエレジーなのだ。まさに《ふるさとの山に向かひて言ふことなしふるさとの山はありがたきかな》(啄木)である。
故郷のことを書くのもこれが最後かもしれない。まだまだ書いていないことがたくさんある。故郷についてはいくら書いてもきりがない。故郷は私の追憶の中で消え去ることはない。薄れたと思うと、ある日突然くっきりとした輪郭で思い出されるのである。まさに、故郷《ふるさと》よ永久《とわ》に、である。

老人の喜怒哀楽

若いときは老人が何を考えているか不思議に思ったものである。今、私はまぎれもない老人になったが、特別に変わったことを考えているわけではない。私の場合、老人になったために若いときと比べて考え方に大きな違いが出てきたとも思えない。

年を重ねるにしたがって物忘れはしばしばあるが、ボケているほどでもないと自分では楽観している。しかし第三者から見るとボケていると思われているのかもしれない。

二十年ほど前の話だが、ある先輩と酒を呑んでいたときのことである。話がひと区切りついて、いよいよ切り上げようと考えている矢先、その先輩はやおら顔をあげて「ここは何処でしたかね」と不安そうに私に訊いた。私はショックを受けた。かつて颯爽と仕事をしていた先輩の思いがけない姿に接して胸が痛んだ。その人はそのとき七十代の終わりで私は六十代の半ばだった。

「ここは新宿ですよ。この店には去年ご案内したことがあります……」

私がいうと、先輩は静かにうなずいた。

「新宿ですか……」と淋しそうに笑った。

一度来た店であることはすっかり忘れているようだった。

この先輩は数年後、外出して帰路が判らなくなって家に電話をしてくるということを奥様から聞いた。帰る家路が判らなくなっても、自宅の電話番号は覚えているのが不思議なことだとそのとき思った。私は今、その時の先輩より年長になってしまったが、私はそのような混濁した意識を持ったことはない。その先輩は脳梗塞で病院に担ぎ込まれたことがあり、それから急激に認知症の症状が進行したらしい。病気のために脳の劣化が早まったのだ。

年をとって人格が変わる人がいる。悪く変わる人と良く変わる人がいる。悪く変わる人は脳の劣化によって正常な思考力を失い、感情をもろに表出するためだと思う。相手に対する思惑や礼儀を失って、ストレートに喜怒哀楽をぶつけるのだ。

良く変わる人は、ある意味で人生は思い通りにもならないということを実感して、自分の自我を控えめに表現しているためだと思う。若いときに怒ってばかりいた人が、仏のように優しくなったりする例がある。俗にいう好好爺《こうこうや》へ変身するということだ。そういう老人は、人生を達観している場合もあるだろうが、ある種の脳の退化で人格が丸くなったということもあるのかもしれない。

私の場合も年老いて悪い性格が影をひそめた気がする。自己中心的な考え方が少なくなり、自己顕示の欲求が小さくなった。キザな振る舞いをすることに対して、若いときより恥ずかしさが強くなった。何よりも喜怒哀楽に対して素直になった気がする。

喜怒哀楽に素直になったといったところで、どっちみち大した話ではない。若いときは良くも悪くも、喜怒哀楽の感情はすべて生きるエネルギーに直結していた。人に認められる嬉しさ、人に背かれる悲しさ、正義の怒り、身勝手な怒り……、どれ一つとっても、生きる証しであり、明日という日に直結していた。

年寄りの喜怒哀楽にはエネルギーがない。革命にも飛躍にも結びつかない、単にささやかな感情の表出に過ぎない。その日暮しの喜怒哀楽といえるかもしれない。

年をとると感受性が鋭敏になる。困ったことにこの頃涙もろくなった。明らかに脳の劣化が原因となっている。本当に困るのは講演の時や人前でのスピーチの時だ。ある事柄を話していて、それに関連した感動的な出来事や悲しい出来事が思い出されてきて、突然涙がどっとあふれ出してくるのだ。これは明らかにメンタル的な病気が原因となっていると考えている。講演の講師が突然涙なんか流したら、聞いてるほうが白けるにきまっている。年寄りのくせに勇ましい話をしていたと思った途端に、今度は急に涙声になってしまうのだから、聞いているほうは唖然とする。

突然涙が出てくるのは講演だけではない。カラオケで演歌などをうたっていると き、その歌にまつわる、あの日あの時の悲しい記憶がよみがえって、声も途切れがちになってしまうのである。たかが演歌をうたって涙ぐむのだから聞いている人はあきれてしまう。病気だから仕方がないともいえるが、患者である私は大いに恥ずかしい。

老人の日々の営みの中に息づいている何気ない喜怒哀楽。喜怒哀楽の感情は老人にとってはささやか過ぎて、生きるエネルギーには無縁の感情だ。しかし、そんな我が身を振り返って、そんなことを言っていられるのは恵まれた暮らしをしている証拠だとも思う。そんなことを言っている余裕のない老人だってこの世の中にはたくさんいる。何日も病気でベッドに横たわっている老人、肉体の痛みに耐えて日々暮らしている老人、振込詐欺に大金を巻き上げられた老人、生活苦にあえいでいる老人……、この老人たちの喜怒哀楽は深刻で悲痛だ。喜怒哀楽に命がかかっている。

老人の生き様もさまざまである。喜怒哀楽の大きさも重さも老人一人一人違うのは確かである。

晩年の幸福

本書を手にする人はほとんどは、これから老人ホームに入居しようと考えたり、すでに入居をしている人だと思う。そうでもなければ、無名作家が書いた老人ホームの滞在記などに興味を持つということは考えられない。そこで、そういう人たちが読者であるという前提で筆を進めることにする。

私は、自分の生涯を不幸だと考えたことはない。あと何年生きられるか判らないが、この後についてはまったく予測はつかない。コロナのような感染症に罹患して不幸な最期を遂げるかもしれないし、コロナに感染してもそのことを我が運命と考えて、さして不幸だと思わずに死んでゆくかもしれない。一寸先のことは判らない。

今になってみると、自分の生涯は格別に不幸な半生とも思わないが、若いときの一時期、自分ほど不幸な人間はないと思ったこともある。もちろんその逆もあって自分ほど幸せな人間はないと考えたこともある。あるいはそんなことを考えるゆとりもないほどに、目先のことに心を奪われて、夢中で生きてきたという気もする。気がついてみると、もはやどう足掻いても自力では如何ともし難い老いの季節を迎えていたという気もする。

若いときは貧乏で、明日食うメシさえままにならないほどに追い詰められたこともあるが、今になってみると、のど元過ぎればで、それを不幸だと感じていたかどうか、その辺の記憶は曖昧である。覚えているのは貧乏なくせに酒浸りの毎日を送っていたということで、その酒も決して自棄酒ではなかった。貧乏の記憶は楽しくはないが、不幸を痛感するということもなかったような気がする。何しろ、若者は私だけではなくみな貧乏だった。吉祥寺で電車賃まで呑んでしまい、武蔵境の下宿まで歩いて帰ったことがある。みじめだという気持ちは少しはあったのだろうが、不幸も何も、呑みすぎて電車賃まで無くなったのは自業自得である。意気消沈どころか、夜更けの街を放歌高吟して帰ったのだから、不幸という感じには程遠い。

祖母（母の母）は、母が結核で長期入院しているとき、私を見て「この子は母親を亡くすと孤児《みなしご》になる」と考えて、いつも心を痛めていたらしい。しかし当の私は、相当な能天気で、母は私を残して死ぬはずはないと考えて楽観していた。母は母で「この子は父無し子で可哀相だ」といつも心を痛めていたらしいが、私は特別に父がいないことで、傷ついたり不幸だと思った記憶もない。きっと淋しいと思ったことはあったに違いないが、そのことを記憶していないところをみると、深く傷ついていたということはなかったと思う。自分が恵まれた境遇だったわけではないのに、不幸だと思わなかったのは、感受性が鈍感だったのだろうか？　自他ともに認めるエセ文学少年だった私は、それほど感受性が鈍いとも思われないのだが、自分の境遇に涙した記憶はない。

確かに私の人生もいろいろなことがあった。もう駄目だと思ったことも何度かある。しかし、立ち上がれないような決定的な失意に出会ったことはなかった。強靭というより、私にはどこかにいい加減なところがあって、いつの間にかひょろひょろと立ちあがつて、絶望の淵から這い上がってきたのだ。何しろ、自殺しようとさまよい歩いているときに従兄弟にカツ丼一杯をご馳走になり、それがきっかけで死神の手から逃れたという経歴の持ち主である。死神もあきれるいい加減な性質を持ち合わせているために、自爆も自滅も、社会的制裁を受けることなくここまで生き長らえた。

自分は出世も名声も得ることなく唯々諾々と年老いたのに、偉い人が国会の証人喚問に呼び出されて、狼狽《うろた》えたり、顔面蒼白になったり、顔が強張ったりするのを見たりすると、「ああ名もなく貧しくてよかった」としみじみ思ったりする。偉くなれなかった負け惜しみに聞こえるかもしれないが、それは正直な思いでもある。私など軽薄だから、すぐに上司に忖度して文書の改ざんをしたり、選挙運動のうぐいす嬢にたくさんのアルバイト料を渡したりして選挙違反や資金規制法で取り調べを受けたに違いない。

年をとって証人喚問されたり拘置所に入ったりするのは不幸なことだ。できるなら御免こうむりたい。ところが知人の一人は、証人喚問されてもいいから偉くなりたいといった奴がいる。なるほど、この男が偉くなったら証人喚問されるようなことを仕出かす奴と思ったものだ。どう考えても私同様、この男も偉くならなくてよかったのだ。

次官にまで上り詰めた人が、息子を殺したという事件があった。次官といえば役人の最高のポストである。そんな事件を起こさなければ幸せな人生を全うできた。殺さなければならないような息子がいたということは、その人にとって不運なことだった。しかし考えてみると、運も悪かったのだろうが、そのような息子に育てたということは、多少自分にも責任がある。

同じように役人として長官にまで上り詰めた人が、東京池袋で交通事故を起こして若い母と子を轢死させたという事件があった。一瞬にして妻子を失い、若い夫が一人取り残された。幸せだった一家を不幸のどん底に突き落とした責任はどんな償いでも償い切れないほどその罪は重大である。元長官は、晩年に背負い切れない罪の重さを背負いつつ余生を生きていかなければならない。そんな事件に出遭ったのは不運だが、よぼよぼしているのに運転をしたというのは自分の責任である。

晩年が幸せか不幸かは、本人の常日頃の心がけや行動にもよるが、多分に運不運もある。以上の二つの事件も、自分の責任と不運が相半ばしている。

私の物書きの先輩たちも淋しい晩年の人が何人かいる。結局、物書きとしては、私同様無名のまま生涯を終わったが、そのことが淋しいといっているわけではない。

Kさんという先輩がいた。この人は私より二十歳くらいの年長で、ルポライターとしては筋金入りの人だった。新聞記者出身で大酒呑みだった。大酒呑みというところは私と似ていた。この人は酒と放蕩が原因で奥さんに逃げられた。奥さんはその後、他の男性と恋愛して結婚を考えたのだがKさんは離婚に応じなかった。離婚届に印鑑が欲しいと奥さんは泣いて頼んだのだが、Kさんは意地悪して何十年も印鑑を押さなかった。老年になってやっと承諾して奥さんの求めに応じて離婚を承諾した。

Kさんが奥さんの求めに応じて、やっと離婚届に印鑑を押した夜、私と新宿で酒を呑んだ。「淋しいですか？」という私の質問に、フンと鼻先で笑って「さよならだけが人生さ」と気障なことを言った。Kさんは自分の年齢を言わない人だったが、おそらくそのとき六十歳過ぎではなかったかと思う。

Kさんが私の前から姿を消して何年か後に、私はツテをたどって消息を調べたところ、Kさんはさる施設で亡くなっていた。Kさんには私と幾つも年の差がない長男、次男がいたはずだが、きっと死に目には会えなかったはずである。Kさんの晩年は淋しかったはずだが、本人は淋しいと思っていたかどうかは判らない。

老齢になって会社を倒産させ、家族に迷惑をかけたくないというので、離婚して一人暮らしをしていた人がいた。私と月に二、三度会って酒を酌み交わすのを晩年のささやかな楽しみとしていた。この人からばったりと連絡がなくなったので、訪ねてみると亡くなっていた。孤独死だった。献体を大学病院に申し出ていて、遺体を引き取りにきてもらって彼の人生は終わった。アパートの管理人の話からは、亡くなった後、遺族が訪ねてきたという話は聞かなかった。

彼は毎朝、ワンカップの酒を自動販売機で買って呑むのが朝食代わりだったというが、二、三日降りてこないので不審に思った管理人が部屋を覗くと亡くなっていたという。

「枕許に幾ばくか残っている貯金通帳がありました。それで家賃その他の後始末は全部できました。見事な死に様でしたね」と管理人は感心していった。不幸な晩年か、見事な晩年か人それぞれで見方感じ方は違うに違いない。

私が五十代くらいで心密かに描いていた私の晩年は、四畳半の一間、万年床に一升瓶を抱えて座っている我が姿であった。どういうわけか、イメージの中に登場するのは私一人で、妻も娘も想像図には登場しない。きっと離婚されて、私は晩年は独りで暮らすことを覚悟していたのかもしれない。そのイメージから類推すれば、私の晩年は孤独死ということになる。しかし案に相違して、私は今有料老人ホームで手厚く見守られながら暮らしている。まことに運のいい生涯だと考えている。

まかり間違えば、離婚、野垂れ死に、孤独死という末路だったかもしれないのに、幸運にして老人ホームに入れたのである。

正直な話、私は本格的作家のデビューを自らの手で捨ててきた。一流文芸誌の次長だった友人に、本格的小説を書くなら力になるぞと励まされたのに、そのときスポーツ紙の官能小説の連載の注文が来て、私は小説修行より、スポーツ紙の官能小説の連載に食いついたのだ。本格的な作家の道を選ぶより、目先の原稿料に目がくらんだのである。そのようなことを二度、三度とくり返している間に文芸誌次長の友人に愛想を尽かされてしまった。

しかし結果としてその方が良かったのかもしれない。きらびやかな才能あふれる作家達の仲間入りをして、終いにはいい小説を書けずに、いつの間にかジリ貧になって、文壇から、引いては世間から忘れ去られたかもしれない。なまじ名前がないために、私は駄文、雑文、エロ小説と注文が来れば、ダボハゼのごとく食いついて、何でもござれと書き殴った。才能より体力勝負で仕事をこなしてきた。稼いだ原稿料は酒と放蕩に大半を費やした。それでも老人ホームに入れたのはやり繰り上手の妻の才覚であった。加えて妻が私から逃げ出さなかったのは、生来の忍耐強さと娘を父無し子にしたくないためだったと思う。おかげで私は、幸せな晩年を送れることになったのだが、妻の晩年は果たして幸せであるかどうかと考えると、いつものことながら忸怩《じくじ》たる思いがする。この十数年、妻は私と結婚しなければ幸せな人生を送れたのではないかと考えることがある。売れない物書きなどと結婚せずに実直なサラリーマンと結婚すれば、平和で安穏な一生を送れたのではないかと考えるのである。しかし、人間の一生は判らない。妻の結婚相手は早死にして、若くして妻は未亡人になったかもしれない。あるいは、結婚相手は出世し、偉くなったかもしれないが、取材に訪れた女性記者を口説いてセクハラで訴えられ、全国に恥をさらしたかもしれない。人の一生は判らない。少なくとも自立型老人ホームに入って、静かな晩年を送れるというのは幸せの部類かもしれない。

晩年の幸せの条件は三つある。第一に心身が健康であること、二つ目は余生を過ごせるだけの蓄えを持っていること、三つ目は子供にトラブルがないということだ。

しかしこの三つの条件にも、いずれもいささかの運が関わってくる。第一、私が日本で生まれたというのも大きな運である。貧困の国に生まれたり、暴政、圧政の独裁国家に生まれたら、とても、今のような幸せは得られなかったに違いない。それに、若いときに不摂生極まりない生活をしていたのに、とにかく寝込みもせずに今に至るまで生き長らえている。これも運としか言い様がない。もしこれからの二、三年、何か不幸なことが我が身に起こっても、これは自分の運命とあきらめるしかない。

人生の幸せ度をパーセントで表すなら、我が生涯は80%は幸せな人生だったと思う。しからば、マイナス20%は何かといえば、年老いたということだ。老いることは運ではなく人間の宿命である。誰でもが歩まなければならない道であり、どんな幸せな人でも、誰でもがマイナス20%の生涯ということになる。となると、幸福度80%は、人生において最高の生涯ということである。

そのように考える自分を我ながらおめでたい人間だと思う。

晩年の幸せを実感できるということは、いささかおめでたい人間であることも条件の一つなのかもしれない。

あとがき

当初、本書は八月末頃に脱稿しようと考えていたのが、コロナ蔓延で自宅に蟄居することが多く、予定より早く書き上げることができた。出版社には五月の中旬に原稿を渡した。

憎きコロナには恨みつらみは数え切れないが、原稿執筆というデスクワークのおかげで、思ったよりコロナのストレスは少なく、かつ仕事は予定より早く進んだ。

令和元年の暮れに叙情句集「言葉の水彩画」を刊行したが、そのときは、これが私の生涯最後の著作になるだろうと思っていた。しかし、出版社の唐澤社長に老人ホーム暮らしも八年間になったことを告げると、老人ホーム暮らし八年間のレポートを執筆しないかとすすめられた。すすめられるとすぐにその気になるのが私の癖で、二つ返事でお引受けした。引き受けたものの打合せのための上京もコロナのために中止になり、私の一存で仕事を進めた。年齢からいって名実ともにこれが私の最後の著作になるだろうと思う。

いつものことながら刊行に際しては多くの人の協力をいただいた。末尾になったが、取材に協力いただいた伊豆高原ゆうゆうの里の仲間や職員の皆様、また、展望社唐澤明義社長、岩瀬正弘デスクにも謝意を表したい。

著者しるす

令和二年初夏

[著者プロフィール]
菅野国春（かんの・くにはる）

句会の仲間に誕生日を祝われる著者

昭和 10 年　岩手県奥州市に生まれる。
編集者、雑誌記者を経て作家に。
小説、ドキュメンタリー、入門書など、著書は多数。この数年は、老人ホームの体験記や入門書で注目されている。

[主な著書]
「小説霊感商人」（徳間文庫）、「もう一度生きる――小説老人の性」（河出書房新社）、「夜の旅人――小説冤罪痴漢の復讐」「幽霊たちの饗宴――小説ゴーストライター」（以上展望社）他、時代小説など多数。

[ドキュメンタリー・入門書]
「老人ホームの暮らし 365 日」「老人ホームのそこが知りたい」「通俗俳句の愉しみ」「心に火をつけるボケ除《よ》け俳句」「愛についての銀齢レポート」「老人ナビ」「高齢者の愛と性」「83 歳 平成最後の日記」「叙情句集 言葉の水彩画」（以上展望社）など。

老人ホーム八年間の暮らし
住めば都《みやこ》・終《つい》の住処《すみか》の住心地

2020 年 8 月 13 日　初版第 1 刷発行

著　者　菅野 国春
発行者　唐澤 明義
発行所　株式会社 展望社
〒 112-0002
東京都文京区小石川 3 丁目 1 番 7 号　エコービル 202 号
電話　03-3814-1997　Fax　03-3814-3063
振替　00180-3-396248
展望社ホームページ　http://tembo-books.jp/
印刷所
製本所　モリモト印刷株式会社

ISBN978-4-88546-381-5

菅野国春の好評書

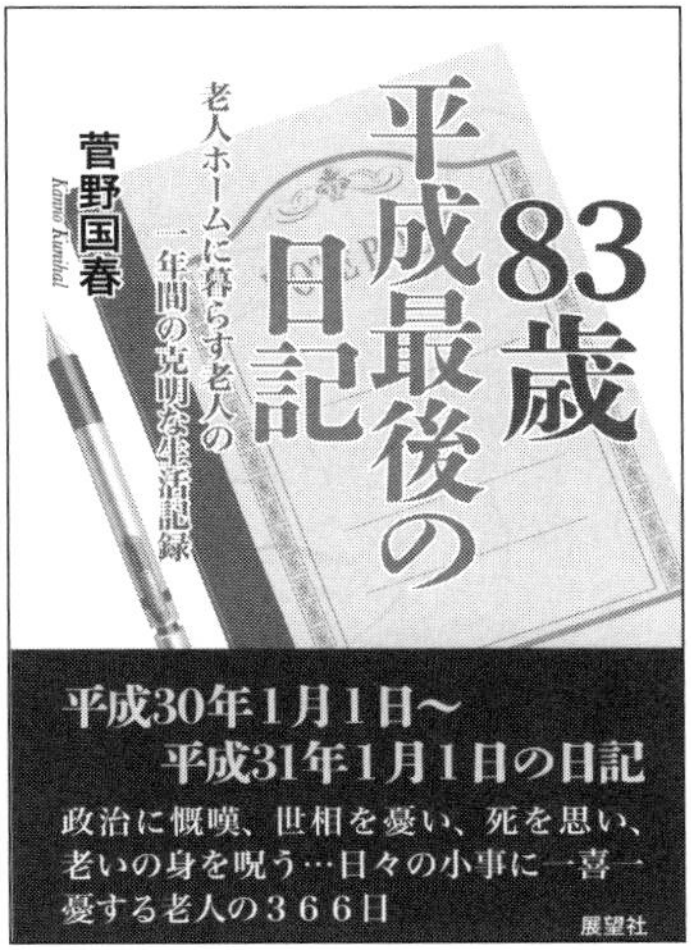

83歳 平成最後の日記

老人ホームに暮らす老人の一年間の克明な生活記録

理想の親子関係について…介助を受ける妻へ…空疎な報道への怒り…人の命の儚さ…問題山積の相撲界へ一言…戦争の危惧…カラオケや句会の愉しさ…安倍さんへ一言…オリンピック選手への応援…将棋界の新星への期待…老人ホームでの日々…連日の麻雀…古い友人との再会…。

　平成の終わり、老人ホームに暮らす老人の、一年間の克明な生活記録。

本体価格　１７００円（価格は税別）